COLETÂNEA PSICANALÍTICA

Blucher

COLETÂNEA PSICANALÍTICA

Sérgio Telles

Coletânea psicanalítica
© 2024 Sérgio Telles
Editora Edgard Blücher Ltda.

Publisher Edgard Blücher
Editor Eduardo Blücher
Coordenador editorial Rafael Fulanetti
Coordenação de produção Andressa Lira
Produção editorial Ariana Corrêa
Preparação de texto Bárbara Waida
Diagramação Guilherme Salvador
Revisão de texto Catarina Tolentino
Capa Laércio Flenic
Imagem da capa iStockphoto

Blucher

Rua Pedroso Alvarenga, 1245, 4º andar
04531-934 – São Paulo – SP – Brasil
Tel.: 55 11 3078-5366
contato@blucher.com.br
www.blucher.com.br

Segundo o Novo Acordo Ortográfico, conforme 6. ed. do *Vocabulário Ortográfico da Língua Portuguesa*, Academia Brasileira de Letras, julho de 2021.

Dados Internacionais de Catalogação na Publicação (CIP)
Angélica Ilacqua CRB-8/7057

Telles, Sérgio
Coletânea psicanalítica / Sérgio Telles. – São Paulo : Blucher, 2024.
192 p.

Bibliografia
ISBN 978-85-212-2359-7

1. Psicanálise I. Telles, Sérgio

24-2021 CDD 150.195

Índice para catálogo sistemático:
1. Psicanálise

Conteúdo

1. Resenha de *Derrubar árvores: uma irritação*, de Thomas Bernhard[1]

A obra de Thomas Bernhard (1931-1989), considerado um dos maiores escritores de língua alemã do século XX, caracteriza-se pelo tom polêmico, ácido e pessimista (o que não exclui um fino humor satírico) com que vê as relações humanas, a cultura ocidental e, especialmente, a sociedade de seu país de origem, a Áustria.

Seu *Derrubar árvores: uma irritação* (Todavia, 2022) ilustra bem tais características. Tendo aceitado a contragosto o convite do rico casal Auersberger – que posa de mecenas – para um "jantar artístico" em torno de um grande ator, o narrador, mudo e postado numa poltrona de orelhas, observa de longe a chegada dos convidados e, num longo monólogo interior que se prolonga da primeira à última página, rumina obsessivamente sobre suas relações com aquelas pessoas. A maioria delas esteve com ele poucas horas antes no enterro de uma amiga que se suicidara. Que nessas circunstâncias o jantar não tivesse sido cancelado expõe a falsidade e a hipocrisia que serão a tônica do encontro.

Naquele momento considerado um respeitado escritor, ele recorda seu trajeto e o dos demais presentes na busca do sucesso como artistas

1 Publicado no suplemento "EU & Fim de Semana" do jornal *Valor Econômico*, 9 set. 2022.

criadores e como quase todos fracassaram de forma vexatória, transformando-se em pseudoartistas dependentes de sinecuras estatais e prêmios corruptos que avalizam suas imposturas.

Talvez em decorrência de seu passado traumático de abandonos e abusos, além do acometimento de doenças graves, Bernhard mostra uma visão desesperada dos relacionamentos humanos, concebendo-os como ligações fusionais de devoração mútua, que impõem a ruptura como única forma de sobrevivência. Com esse objetivo, o narrador se mudara para Londres. O jantar ocorre ao voltar para Viena, e a longa reflexão que desenvolve na casa dos Auersberger o faz perceber que, ao mesmo tempo que odeia a todos ali e a si mesmo, aquelas são as pessoas que ama, o que também se dá com Viena, sua cidade querida e odiada.

Se em *Derrubar árvores* as críticas ao mundo literário austríaco se expressam como ficção, em seu livro *Meus prêmios* Bernhard adota um registro documental autobiográfico, tornando-as ainda mais acerbas e incisivas.

Ali ele mostra seu desprezo pelos muitos prêmios recebidos, dos quais valoriza apenas o dinheiro que várias vezes o tirou de apertos financeiros. Dispensa a honraria literária, na medida em que desautoriza os premiadores, negando-lhes a capacidade para julgar seu trabalho ou o de qualquer outro escritor. Na verdade, conhece a forma corrupta ou aleatória com que é escolhido o vencedor, pois testemunhou o procedimento ao participar como jurado de uma dessas premiações.

Entende que o Estado ou instituição privada que dá o prêmio não tem ideia de quem é o premiado, que o faz não como um efetivo reconhecimento do talento do escritor, e sim como publicidade e autopromoção com o objetivo precípuo de ocupar o lugar prestigioso de mecenas, sem falar de como as quantias que tais prêmios oferecem são ridículas, pois tanto o Estado como as instituições privadas poderiam, se quisessem, dar prêmios muito mais substanciosos do que os que costumam oferecer. O poder ignora e/ou despreza o intelectual, que, por necessidade, se vê obrigado a receber as migalhas que lhe são concedidas.

Bernhard é implacável com a conivência ou subserviência dos escritores com o poder, como explicita na carta em que pede desligamento de uma academia literária porque esta aceitou como membro um ex-presidente da república. Diz ele:

> *Há anos me pergunto qual o sentido dessa chamada Academia de Darmstadt, e sempre me vi obrigado a dizer a mim mesmo que esse sentido não pode residir no fato de uma associação, fundada em última instância apenas com o frio propósito de oferecer a seus vaidosos membros um espelho no qual se mirar, reunir-se duas vezes por ano para se autoincensar e, depois de consumir lautos pratos e bebidas servidas nos melhores hotéis da cidade, em viagem luxuosa e cara paga pelo Estado, conversar por uma semana sobre uma papa literária insipida e rançosa. . . . No fundo, todos esses dignatários em viagem paga pelo Estado se encontram em Darmstadt para, depois de um ano inteiro de ódio mútuo e impotente, poder, ainda ali, aborrecer uns aos outros por mais algum tempo. A tagarelice de escritores nos saguões dos hotéis de cidadezinhas alemãs é, por certo, o que se pode conceber de mais repugnante. Seu fedor, porém, torna-se ainda mais fedorento quando ela é subvencionada pelo Estado.*[2]

Bernhard pagou caro por essa e muitas outras atitudes temerárias.

---

2 Bernhard, T. (2011). *Meus prêmios.* Companhia das Letras.

2. Resenha de *O corpo interminável*, de Claudia Lage[1]

No livro *O corpo interminável* (Record, 2019), Claudia Lage consegue realizar a difícil proeza de escrever sobre um tema como a tortura de presos políticos nos anos da ditadura, que provoca fortes reações, transcendendo o tom de denúncia documental-panfletária e alçando o plano da literatura. E o faz sem trair a gravidade e o horror dos acontecimentos relatados, nem os diluir numa vazia preocupação formal.

O fio condutor é a busca dos rastros da mãe que não conheceu, uma guerrilheira desaparecida, por parte do postulante a escritor Daniel. Nessa busca, reconstrói sua história por meio de livros, jornais, cartas, encontros e da própria escrita, que, de forma tateante, busca exercer registrando a experiência vivida nessa empreitada.

Daniel sente a falta da mãe não só por sua ausência física como pelo silêncio impassivo do avô que o criou e nunca falou da filha para o neto, além de ter eliminado todas as lembranças que poderia ter dela, como fotos, objetos etc. Restou apenas o livro de Lewis Carroll, que remete a sua infância e à leitura recorrente que teria continuado

1 Publicado no suplemento "EU & Fim de Semana" do jornal *Valor Econômico*, 12 mar. 2021.

a fazer, atestada pelas muitas anotações nas margens e partes sublinhadas. Por ser a única recordação palpável da mãe, Daniel se apega com fervor ao livro, tentando descobrir nas entrelinhas o que poderia ali está escondido sobre sua mãe, entender por que o teria lido tantas vezes e feito tantas anotações.

Daniel tem um longo enfrentamento com a distância e a frieza do avô. Com a ajuda de Milena, que encontra durante sua busca e com quem planeja um futuro mais esperançoso, Daniel enfrenta as sucessivas descobertas de situações traumáticas encobertas pela repressão ou negação. Se a família de Daniel sofreu diretamente os efeitos da repressão, algo semelhante ocorreu com a família de Milena, embora em grau simultaneamente mais indireto e dissimulado, mas igualmente desagregador. Dessa forma, Claudia Lage mostra a dimensão humana da violência política, destruindo vidas e produzindo traumas que se transferem para a geração seguinte.

O rico trabalho literário se mostra nos recursos narrativos e de linguagem, bem como na densidade psicológica dos personagens. O enredo se organiza em tempos diversos e narrativas que se alternam em estilos diferentes. Ao ritmo febril e coloquial da fala da mulher acuada num aparelho, aguardando a chegada de mantimentos para sobreviver, ou de outra, foragida, que luta contra a ameaça da loucura exacerbada pelo isolamento forçado, contrapõe-se o tom reflexivo e melancólico, a linguagem mais formal do filho que pretende ser escritor.

O corpo é uma insistente presença no livro, a começar pelo título. O corpo humano é o peso que nos prende ao mundo e que nos avisa permanentemente da finitude, da fragilidade, da vulnerabilidade. O corpo vive, o corpo sofre, o corpo goza, o corpo serve como refúgio da angústia que flutua nos pensamentos. É o corpo que desaparece sem deixar vestígios. É no corpo que a tortura é exercida, como Claudia Lage escreve em páginas memoráveis.

No livro, o corpo é especialmente o corpo da mulher, corpo que engravida e amamenta, corpo exposto à violência dos homens.

Ao mesmo tempo que expõe o drama pessoal e político da repressão nos anos 1970, Claudia Lage mostra a importância da escrita, das bibliotecas, dos livros como repositório da história, da cultura, do saber. Daniel está sempre cercado de livros. A recorrência do livro de Carroll não se deve apenas ao fato de ser um objeto de adoração pela mãe perdida: talvez represente a autorreferência da literatura consigo mesma, o infindável mundo da escrita, "da procura da palavra certa". Ao mesmo tempo, não deixa de ser interessante que Alice, com seu corpo ileso que se expande e encolhe ao sabor das circunstâncias, possa representar a fuga da densa materialidade do sofrido corpo real. Seu corpo fantasmático que se faz e refaz sem perder suas características é o oposto do corpo destruído pela tortura.

O livro é de grande pungência, uma história da violência da repressão que não pode ser esquecida ou negada. Evoca o luto pelos mortos e pelo desmoronamento do sonho de produzir mudanças sociais por meio de uma ação revolucionária.

3. Resenha de *Arthur: um autista no século XIX*, de Maria Cristina Kupfer[1]

Como explicar para o grande público a difícil condição do autista? A forma encontrada por Maria Cristina Kupfer, conhecida psicanalista com uma sólida trajetória acadêmica, foi escrever *Arthur: um autista no século XIX* (Escuta, 2020), uma obra de ficção na qual procura deixar mais acessível a compreensão dos enigmáticos e inquietantes comportamentos típicos daquele estado.

As três primeiras partes da obra concentram o enredo. A ação está situada na França do final do século XIX, onde Marguerite, uma mulher da aristocracia, se interessa pelo bizarro comportamento de Arthur, um dos filhos de uma serviçal de sua casa. Arthur não fala, não interage com crianças ou adultos, não fixa o olhar em nada e apenas movimentos repetitivos suscitam seu interesse. Tem acessos de raiva e descontrole, quando grita sem parar, bate a cabeça na parede e se morde.

Com a morte da mãe de Arthur, Marguerite assume seus os cuidados. Em meio a sua perplexidade e à incompreensão dos amigos, que não entendem seu interesse pela criança, Marguerite pede auxílio a um

1 Publicado no suplemento "EU & Fim de Semana" do jornal *Valor Econômico*, 16 out. 2020.

religioso de uma abadia vizinha, instituição detentora de uma grande biblioteca. Apesar de não falar, Arthur aprende a ler e se encanta com os livros. Marguerite protege também uma outra criança desvalida, Charlotte, que muito ajuda no contato com Arthur.

A partir de um determinado momento, não conseguindo mais lidar com o comportamento do menino, Marguerite o leva para a abadia, onde ele é acolhido. Muitos anos depois ela – que se tornara uma escritora – recebe os textos que Arthur havia escrito, nos quais ele dá sua própria versão dos fatos antes relatados por ela, confirmando-os. Por sua vez, Charlotte agora é médica e procura uma psicanalista.

Na quarta parte, intitulada "O mágico mostra seus truques", a autora revela as fontes de sua ficção, tanto os lugares que inspiraram as locações de sua narrativa como as referências teóricas – preferencialmente a psicanálise lacaniana – que sustentam sua argumentação e as interpretações da sintomatologia de Arthur.

A visão atual do autista implica a possibilidade de um comprometimento neurodesenvolvimental e um outro relacional, que se retroalimentam. Por algum determinante constitucional, a criança não interage, não responde aos estímulos da mãe (ou cuidadora privilegiada) e esta, ao não obter resposta a seus investimentos afetivos, esmorece em suas tentativas. O autista não tem uma delimitação de seu próprio corpo e psiquismo, vive permanentemente sob a ameaça de se desintegrar psiquicamente, daí a exigência de uma imutabilidade do ambiente – os objetos devem estar sempre da mesma forma e no mesmo lugar e as pessoas têm de agir sempre da mesma maneira, caso contrário sua tênue identidade se desfaz. Ele se sente facilmente invadido e ameaçado com o olhar e a voz do outro. Seus aparentes distanciamento e frieza não devem ser entendidos como ausência de sentimentos, e sim como manifestação de sua dificuldade em modulá-los, do temer ser arrastado por eles.

Em tempos mais ignorantes e supersticiosos, tais características eram vistas como expressão da "ausência de alma", tais crianças seriam "filhos do demônio". Depois, esses traços foram confundidos com falta de inteligência, com idiotia. Atualmente, como Kupfer explica por meio de seus personagens Marguerite e dra. F. D., há quem considere o autismo não como uma doença, e sim como um transtorno (transtorno do espectro autista – TEA), uma variação do ser humano, uma "nova forma de viver", especula a dra. F. D. Seria essa uma idealização do autismo que expressaria o confessado desejo de reparação que levou Kupfer a escrever o livro, ao constatar a limitação dos recursos terapêuticos para modificar esse quadro?

As dificuldades com o manejo da linguagem fazem com que muitos autistas não consigam falar adequadamente. Sua fala ficaria no registro do signo e não do significante, como se eles não tivessem acesso à dimensão propriamente simbólica, metafórica da língua, engessando-a em sua dimensão denotativa. Entretanto, o fato de ter-se comprovado que autistas de alto desempenho podem escrever com grande sensibilidade e sentimento parece contradizer essa teoria e mostrar o quanto temos ainda de aprender sobre tal condição.

Ao escolher a narrativa ficcional para transmitir seus conhecimentos sobre o autismo, Kupfer toca uma questão importante – a ligação entre psicanálise e literatura (escrita criativa). Ao enfeixar os elementos teóricos sob a ambígua rubrica "O mágico mostra seus truques" (frase ouvida no final de uma de suas análises), Kupfer abre várias questões: seria pertinente equiparar o mágico ao psicanalista? A psicanalise é uma "mágica", uma prática que se apoia na ilusão e na manipulação do espectador, ou o contrário disso – um poderoso instrumento que deixa a nu o desejo inconsciente, antes ocultado por ilusões, fantasias, delírios atrás dos quais ele se revelava e escondia?

Da mesma forma, levanta a questão: a literatura é uma mágica que engana e ilude ou é a possibilidade de dizer a verdade disfarçada sob o véu da ficção?

Com seu livro *Arthur*, Kupfer reafirma que a psicanálise está longe dos truques da mágica e, assim como a ficção, é uma eficaz portadora da verdade.

4. Resenha de *Cloro*, de Alexandre Vidal Porto[1]

Cloro (Companhia das Letras, 2018), de Alexandre Vidal Porto, é um livro de poucas metáforas e "cloro" é a mais abrangente delas. Representa o arco da sexualidade de Constantino, que se inicia aos 8 anos com o confuso despertar de um interesse erótico pelo professor de natação, segue pelo odor de água sanitária, cloro e esperma na mancha deixada nos lençóis pelo cunhado no "quarto dos rapazes", e se fecha com sua morte súbita numa sauna gay, onde os empregados estão fazendo a manutenção das piscinas com cloro.

Tal como Bentinho (personagem de *Dom Casmurro*, de Machado de Assis), mas sem a mesma verve e verbo, Constantino Curtis, o personagem central de *Cloro*, conta-nos sua história após sua morte. Depois das descobertas nas aulas de natação, percebe na escola que "ser bicha não era bom", dada a carga de preconceitos e agressões daí decorrentes. Resolve então diligentemente adquirir os emblemas próprios da heterossexualidade – namoradas, casamento, filhos. O desejo homossexual apresenta pequenos lampejos de voyeurismo com o cunhado, embora fique latente durante anos.

1 Publicado no suplemento "EU & Fim de Semana" do jornal *Valor Econômico*, 14 dez. 2018.

O sexo matrimonial, que se mantinha de forma débil e protocolar, cessa de vez com o assassinato do filho homem.

A libido retorna de forma inesperada (e pouco convincente para o leitor) ao ver um episódio do seriado da Netflix *House of Cards*, no qual Frank e Claire Underwood transam com o segurança Edward Meechum. Passo seguinte, Constantino descobre a internet, os sites pornôs e os aplicativos de encontros sexuais. Dessa abertura tardia, são relatados três episódios – a iniciação com um estranho num hotel onde ambos estavam hospedados, o sexo pago com um garoto de programa e a grande paixão por Emilio, um funcionário diplomático. O caso amoroso não tem continuidade, pois Emilio é transferido para um país distante. Traumatizado com a separação, numa viagem ao Japão, Constantino procura uma sauna gay onde a morte vai buscá-lo, sob a forma de um acidente vascular cerebral.

Sem alçar grandes voos, *Cloro* é uma exposição de como Constantino organizou sua vida dentro de uma normalidade que julgava ser esperada pelos outros, alienando-se de sua realidade e de seu desejo. Mas é como se seu empenho em se enquadrar, a necessidade de decoro e discrição que o fizeram adotar uma vida postiça persistissem ao relatá-los literariamente, mesmo estando no além. Os conflitos, as dores, os sofrimentos, a paixão, a loucura, a angústia que supostamente acompanhariam tal escolha mal aparecem no relato comedido de Constantino. Da mesma forma está excluído o aspecto aventureiro e eventualmente perigoso do sexo casual com estranhos que os aplicativos oferecem. É como se nem a morte o liberasse de uma censura excessivamente pudica, que continua podando qualquer eflorescência mais exuberante de sua sensualidade.

Sabe-se que o autor declarou haver muito de autobiográfico nesse livro. Disse ele:

> *A segunda peculiaridade do livro é que se trata de meu trabalho mais autobiográfico. Nunca havia escrito sobre*

> *um homem homossexual reprimido – coisa que eu, por quase três décadas, fui. Contar essa história me obrigou a revisitar várias experiências intensas de minha infância, por exemplo. Experimentei um desgaste emocional que não tinha enfrentado nos meus livros anteriores. Constantino e eu nascemos no mesmo ano. Ele era uma pessoa que eu poderia ter sido, mas não fui.*[2]

As fronteiras entre o ficcional e o biográfico são uma questão delicada e cabe a cada escritor encontrar a forma de resolvê-la. No caso de *Cloro*, o leitor fica com a impressão de que o texto foi excessivamente depurado, saneado. Como se os elementos mais sombrios e sofridos, as impurezas, a desmesura do gozo e suas exigências tivessem sido, senão eliminados, atenuados.

O livro fica a meio caminho entre ser um truncado romance gay e um depoimento documental sobre a superação de uma alienação e a assunção do próprio desejo – tema pertinente nesse momento em que as identidades sexuais perderam a antiga estabilidade e a moral sexual sofreu grandes modificações, como bem mostra Constantino ao comparar a forma como ele e Emilio (15 anos mais novo) encaram a homossexualidade.

Uma última pergunta se faz o leitor. Por que o autor resolve matar Constantino aos 51 anos, quando teria ainda bastante tempo para usufruir de sua sexualidade recém-conquistada? Por que não o deixar recuperar o tempo perdido?

---

2 Porto, A. V. (2017). Os bastidores de Cloro. *Suplemento Pernambuco*. http://www.suplementopernambuco.com.br/edi%C3%A7%C3%B5esanteriores/67-bastidores/2190-os-bastidores-de-cloro-,-de-alexandre-vidal-porto.html

5. Resenha de *Praia de Manhattan*, de Jennifer Egan[1]

Para quem leu e gostou da originalidade criativa de *A visita cruel do tempo*, com o qual Jennifer Egan ganhou o prestigioso Prêmio Pulitzer de 2011, seu novo livro *Praia de Manhattan* (Intrínseca, 2018) é um tanto decepcionante.

Trata-se de um longo e convencional romance histórico sobre as décadas de 1930 e 1940 em Nova York, cobrindo os anos da Depressão e o período da Segunda Guerra, época em que políticos, policiais e gângsteres mafiosos tinham acordos bem azeitados, compartilhando o poder por meio da violência e da corrupção. A ação está mais centrada na época da guerra, quando as mulheres tiveram de ocupar os postos de trabalho dos homens que estavam no *front*, batalhando fora do país.

A personagem principal, Anna Kerrigan, é uma moça de 19 anos descendente de irlandeses residente no Brooklyn, que tem de trabalhar no Arsenal da Marinha para sustentar sua mãe e a irmã com deficiência. Lida inicialmente com peças mecânicas utilizadas na guerra, mas consegue ser aceita como mergulhadora de escafandro, trabalho até então

1 Publicado no suplemento "EU & Fim de Semana" do jornal *Valor Econômico*, 6 jul. 2018.

estritamente realizado por homens, reparando navios avariados pelos temidos torpedos alemães. Seu pai, Eddie, que se dizia um operador da bolsa, desaparecera inopinadamente uma década antes. Quando criança, Anna o acompanhava em seu nebuloso trabalho. Agora adulta, ela se empenha em conhecer as circunstâncias do sumiço do pai e descobre que ele era o homem de confiança do poderoso mafioso Dexter Styles, de quem se aproxima. Numa reviravolta rocambolesca, recebe uma carta do pai, que se refugiara esse tempo todo na marinha mercante, algo sabido desde sempre por sua tia, por meio de quem lhes mandava dinheiro.

É patente o exaustivo trabalho de pesquisa feito pela autora. No fim do livro ela agradece extensamente às pessoas que entrevistou e que ajudaram na bibliografia, possibilitando o minucioso inventário da vida cotidiana, do linguajar e dos objetos de consumo de uma Nova York circunscrita às regiões portuárias e litorâneas.

O leitor se sente sufocado pelo excesso de detalhes e descrições que talvez sejam saborosos para os que vivem naquela cidade e que encontram no livro uma reconstituição bastante vívida de seu passado relativamente recente. Essa pletora de descrições não chega a inibir a ação e a caracterização dos personagens, mas o leitor fica com a sensação de ter adquirido uma quantidade desnecessária e indesejada de informação sobre assuntos sobre os quais não tem interesse, como as atividades de mergulhadores de escafandro e suas pesadas roupas de 90 quilos ou a nomenclatura de inúmeros objetos de uso naquela ocasião.

Apesar de tão bem pesquisado, cenas centrais da trama parecem completamente inverossímeis, como as atividades oficiais e clandestinas como escafandrista da personagem principal. Entende-se que tais cenas servem para mostrar o esforço de guerra e a ocupação de funções masculinas pelas mulheres, e estão calcadas em depoimentos verdadeiros colhidos com a primeira mulher mergulhadora militar dos Estados Unidos, a primeiro-sargento reformada Andrea Motley Crabtree. Ainda assim, soam artificiais e pouco convincentes.

O mesmo pode ser dito das cenas em que o pai, condenado pelo mafioso Dexter Styles, é acorrentado a blocos de cimento e jogado ao mar. Mais habilidoso que Houdini, ele consegue se desvencilhar e fugir. Uma década depois, Anna convence Dexter Styles a voltar ao lugar exato da costa de Nova York onde o pai teria sido eliminado e, fazendo uso de suas habilidades de escafandrista, desce ao fundo do mar e encontra seu relógio de bolso! Mais inverossímil impossível. O leitor se pergunta como cenas tão bisonhas não foram suprimidas por escritora tão talentosa. Da mesma forma, causam surpresa algumas imagens e metáforas canhestras, como as que comparam os genitais masculinos a "um par de botinas pendurado de um lampião por cadarços" (p. 247)!

Isso não quer dizer que não haja trechos magníficos, como os que relatam o naufrágio do navio torpedeado no qual estava Eddie, que envolvem plenamente o leitor, colocando-o junto com os marinheiros na luta pela sobrevivência em barcos improvisados, perdidos num oceano ora turbulento, ora imóvel, na pasmaceira das calmarias.

Para nós, brasileiros, o livro provoca um efeito colateral, digamos. Se a corrupção e a promiscuidade entre o crime organizado, a polícia e a política que vigoravam nos anos 1930 e 1940 nos Estados Unidos foram efetivamente combatidas e reduzidas a níveis inevitáveis, ficamos esperançosos que o mesmo possa acontecer com o Brasil, ainda que com setenta anos de atraso.

6. O Google, o psicoterapeuta e o paciente[1]

A revolução trazida pela internet continua em curso, abrindo possibilidades inusitadas. A maciça e instantânea distribuição de informação e a conectividade proporcionada pelas redes sociais são dois aspectos que nos atingem diretamente e já estão bem assimilados ao cotidiano. O uso disseminado da internet tem mostrado também seu lado sombrio e perigoso tanto na possibilidade de manipulação e controle social em escala inédita, como na difusão de *fake news* que prejudicam, às vezes de forma grave, pessoas e instituições.

A pandemia nos obrigou a usar dispositivos já existentes na internet, mas até então praticamente ignorados pela maioria. Refiro-me àqueles de videoconferência que possibilitam a reunião de grupos, viabilizando o contato social e o trabalho à distância. Essencial durante o confinamento imposto pelo coronavírus, o uso desses dispositivos possivelmente persistirá quando a pandemia for vencida e suas restrições caducarem.

Para nós, analistas, essa nova realidade trazida pela pandemia forçou a revisão dos princípios técnicos clássicos que tinham como pressuposto a presença física no mesmo recinto do par analítico. Na verdade,

1 Publicado na *Psychiatry On-Line Brazil*, 22(2), fev. 2017.

ela expôs uma prática que já ocorria esporádica e experimentalmente há alguns anos (quando o analista mantinha as sessões via telefone com pacientes em viagens pontuais que o impediam de comparecer presencialmente) ou sistematicamente, como ocorre na implantação da psicanálise na China. Dada a inexistência de psicanalistas naquele país, praticamente todos os candidatos faziam análise online com profissionais nos Estados Unidos ou na Europa.[2]

Independentemente da pandemia e das sessões online, as inovações da internet repercutem também em outros aspectos de nossa clínica, como no pressuposto de que o analisando deve desconhecer a vida privada do psicanalista, o que facilitaria a projeção de imagos arcaicas inconscientes sobre ele e a instalação da transferência. Da mesma forma, o analista deveria se ater àquilo que o paciente lhe conta de sua própria vida, abstendo-se de informações de terceiros sobre ele. Hoje isso fica modificado dada a facilidade com que analistas e analisandos podem acessar informações um sobre o outro, por meio de buscadores (como o Google) e das redes sociais (Facebook, Instagram), em que ambos – psicanalista e analisando – oferecem espontaneamente dados sobre si mesmos e sua vida, o que abre interessantes questões que exigem reflexão, como faremos a seguir.

O relacionamento entre psicanalista e analisando segue um protocolo estabelecido por Freud e mantido com poucas alterações desde então. O analista deve se manter como um espelho ou uma *tabula rasa* para o paciente, deve mostrar-se o mais neutro possível, expor ao mínimo suas opiniões, crenças e gostos, o que facilita ao analisando expor suas próprias convicções e dificuldades, sem se sentir julgado ou criticado pelo analista que poderia abrigar crenças opostas. Mais importante ainda, ao não impor ao paciente valores e convicções, o analista possibilita a projeção por parte do analisando de figuras de seu próprio mundo interno, um dos elementos centrais da transferência.

2 https://www.nytimes.com/2010/10/29/world/asia/29iht-letter.html; https://www.newyorker.com/magazine/2011/01/10/meet-dr-freud.

Embora essas orientações continuem vigentes, elas têm sido bastante discutidas. Por um lado, a imagem do analista como espelho foi substituída por outra mais complexa que leva em conta a importância do jogo transferência-contratransferência. Por outro, a dimensão pública do analista e o impacto que ela provoca no paciente não impediram Freud de participar de assuntos de grande interesse e relevância em seu tempo, como a guerra, a religião, além de fazer um sistemático trabalho de divulgação da psicanálise, ligando-a com cultura e arte. Desde então, muitos são os analistas que, seguindo o exemplo do mestre, participam do debate público e publicam livros e artigos em revistas de circulação de massa, expondo-se com maior ou menor intensidade.

A internet é uma imensa tribuna onde todos podem expressar suas opiniões. Poderia o psicanalista usar desses novos recursos ou isso o exporia excessivamente e, com isso, prejudicaria a relação terapêutica?

O analista, como tal e enquanto cidadão, não deveria se impedir de fazer uso das redes sociais, continuando por essas vias a participar dos debates das questões de interesse público e divulgando a psicanálise, como já fazia anteriormente nas mídias convencionais. Mas, também como fazia ali, deveria evitar publicar informações de cunho pessoal e familiar por saber do impacto que isso poderia causar em seus pacientes.

As demais correntes psicoterapêuticas adotam uma postura diferente da psicanalítica no que diz respeito à exposição da pessoa do terapeuta. Nos Estados Unidos, por exemplo, é frequente os terapeutas anunciarem seus serviços especificando seu estado civil, sua inclinação sexual (heterossexual, homossexual, bissexual, LGBTQIA+ etc.), os traumas que teria sofrido, as perdas afetivas importantes que desencadearam lutos recentes, visando com isso provocar a identificação de pacientes portadores das mesmas vicissitudes.[3]

3 http://www.nytimes.com/2012/11/25/magazine/psychotherapys-image-problem-pushes-some-therapists-to-become-brands.html.

Há algum tempo o jornal londrino *The Guardian* publicou um artigo sobre o uso do Google por parte de pacientes em busca de informação sobre seus psicoterapeutas e vice-versa – terapeutas que pesquisam nos buscadores da internet informações disponíveis na rede sobre seus pacientes. Que um jornal como o *The Guardian* se ocupe com tal assunto bem dá medida da relevância e do interesse do público sobre a questão.[4]

Embora nós, psicanalistas, tenhamos uma conduta mais reservada e procuremos preservar nossa intimidade frente ao analisando pelos motivos já explicitados, o artigo do *The Guardian* nos interessa, pois não podemos ignorar a importância das novas mídias e sua presença maciça na vida de todos. As situações inglesas ali mostradas não são estranhas às de nossos consultórios. O uso do Google na relação paciente-terapeuta é algo que ocorre, não há como evitá-lo e de nada adiantaria tentar coibi-lo. O que nos resta é reconhecer o problema, tentar entendê-lo e aprender a lidar com ele.

Nós, analistas, continuamos a pensar que o acesso do paciente a informações sobre a vida pessoal e as opiniões do analista sobre polêmicos assuntos de interesse social interfere na cura, podendo reforçar tanto a transferência positiva (idealização, cumplicidade e fantasia de comunhão e proximidade em caso de coincidirem as opiniões do analista com as do paciente) como a negativa (as opiniões divergentes do analista podem ser vistas como julgamentos e críticas, não aceitação, rejeição, favorecendo o aumento da persecutoriedade por parte do analisando). É evidente que ambas as transferências – a positiva e a negativa – devem ser analisadas em seu devido tempo. Tudo isso já era conhecido, a novidade introduzida pela internet é a facilidade do acesso a informações, ainda mais oferecidas pelos próprios analistas, na medida em que as publicam em sites abertos ao público e nas redes sociais.

---

4 https://www.theguardian.com/society/2017/feb/04/search-me-should-you-google-your-therapist.

Se são esses os efeitos sobre o analisando das informações sobre o analista obtidas via internet, o que ocorreria no outro polo da questão – o fato de o terapeuta pesquisar informações sobre o paciente na internet? Aqui novamente se impõe a diferença entre a técnica psicanalítica e a das demais linhas terapêuticas.

Em princípio, o psicanalista não deveria ter informações a respeito do paciente a não ser aquelas dadas pelo próprio no correr das sessões analíticas. Mas isso não ocorre exatamente assim, nem mesmo nos casos considerados mais leves. É habitual que aquele que faz o encaminhamento do paciente, especialmente se for um colega, dê ao analista sumárias, mas decisivas informações sobre aquele, de modo que, ao receber o paciente, o analista tem uma ideia geral do que vai encontrar. Essa ideia inicial será confirmada ou corrigida nos contatos que o analista terá com o paciente, quando formará sua própria opinião. Nos casos mais graves, antes e/ou no correr da própria análise, o analista pode necessitar de informações objetivas que o ajudem na compreensão do paciente e na forma de lidar com diferentes situações, como uso de medicação, risco de suicídio e homicídio e encaminhamento para internações, ocasiões em que recorre a colegas que cuidam da parte medicamentosa do tratamento e aos familiares responsáveis pelo paciente. Algo semelhante ocorre na análise de crianças e adolescentes, quando quase sempre é necessário o contato com a família.

Vê-se que o analista tem acesso a informações sobre o paciente além daquelas que o próprio paciente lhe forneceu. Assim, o uso de informações disponíveis na internet não deveria ser entendido, sob essa perspectiva, como um recurso a mais a ser utilizado pelo analista?

É claro que o analista deverá ter presente, sempre, sua contratransferência, tanto nos períodos "fáceis" como nos tumultuados da análise. Ele deve consultá-la especialmente nos momentos em que sente necessidade de recorrer à ajuda externa no andamento da análise. Na verdade, esse será sempre um fator central, essencial, no andamento do tratamento. Se o analista for capaz, como se espera, de discriminar suas fantasias e seus desejos inconscientes dos do paciente, terá condições de administrar bem o andamento da cura, com ou sem recursos externos. Assim, o analista deve se perguntar se seu desejo de consultar o Google e as redes sociais sobre determinado paciente se deve a uma efetiva necessidade de esclarecer algo importante naquele momento ou se decorre de fatores ligados à sua contratransferência, a serem melhor examinados por ele mesmo.

No artigo do *The Guardian*, uma terapeuta diz ter procurado dados sobre um paciente que afirmava ocupar uma alta posição numa importante instituição. Devido a traços de megalomania e as ideias de grandeza dele, a terapeuta não sabia se tais informes correspondiam à realidade ou se eram uma formação delirante. Ao consultar o Google, confirmou a veracidade do que lhe dizia o paciente. Embora a terapeuta não prossiga em suas declarações, nós, leitores, podemos pensar que tal informação lhe teria sido útil não só para delimitar e entender melhor a patologia do paciente, como também para jogar luz sobre sua contratransferência. Afinal, a terapeuta não acreditava nas informações do paciente por causa da megalomania e das ideias de grandeza dele ou por causa de sua inveja?

O *British Journal of Psychiatry* publicou um extenso artigo sobre a importância e a propriedade do uso de buscadores na internet no tratamento de pacientes psiquiátricos, especialmente os mais comprometidos. A descoberta no Google ou no Facebook de dados que o paciente sonegou nas entrevistas pode ser muito útil, mas gera problemas complicados, como a abordagem desses dados com o próprio paciente.[5]

De fato, no caso de uma análise, tanto o paciente como o terapeuta, ao terem acesso a informações um sobre o outro via internet, deveriam necessariamente falar sobre isso nas sessões, o que enriqueceria o material a ser trabalhado.

---

5 https://www.ncbi.nlm.nih.gov/pmc/articles/PMC4706208/.

Um aspecto de importância decisiva na questão é que as informações encontradas na internet foram divulgadas por livre e espontânea vontade pelos interessados, ou seja, terapeutas e pacientes. Isso tem decisiva implicação ética, pois, nessa condição, qualquer um pode acessá-las de forma legítima, sem estar com isso cometendo invasão de privacidade, quebra de sigilo ou indiscrição indevida. Esse tipo de acesso a informações é o oposto daquele conseguido por meio da contratação de detetives particulares, pois então as informações sigilosas derivariam de uma condenável invasão de privacidade, eticamente insustentável.

Essas são algumas ideias iniciais sobre o tema. São questões novas e complexas que necessitam de mais estudos para que se possam estabelecer parâmetros adequados.

7. Realidades virtuais, Pokémon e fobia[1]

O videogame Pokémon já vendeu mais de 200 milhões de itens da marca e, até março de 2016, faturou 46,2 bilhões de dólares. O jogo consiste na captura dos Pokémons – pequenas criaturas imaginárias – por seres humanos que os treinam para lutarem entre si. Lançado esta semana (julho de 2016) nos Estados Unidos, na Austrália e na Nova Zelândia, o mais recente produto, chamado Pokémon-Go, tem alcançado enorme sucesso. Graças ao uso da realidade virtual, os Pokémons se escondem não mais no espaço interno do próprio jogo, mas no espaço real de lugares da cidade – ruas, praças, logradouros públicos etc. –, nos quais os jogadores os localizam por meio de seus celulares.

Desde o recente lançamento, foram relatadas ocorrências que mostram a intensidade da imersão dos jogadores na realidade virtual. Em suas andanças pela cidade em busca dos Pokémons, eles se esquecem da realidade factual e de seus perigos, expondo-se assim a riscos concretos, como o trânsito e ladrões oportunistas.

Esses incidentes mostram a antinomia entre realidade virtual e realidade factual. Seriam elas antagônicas e inconciliáveis? Antes de

1 Publicado no Caderno Aliás, do jornal *O Estado de São Paulo*, 24 jul. 2016.

tirar conclusões precipitadas, devemos resolver uma questão prévia e nos perguntar o que é mesmo isso que chamamos de "realidade". Veríamos então que equivocadamente a tomamos como um dado autoevidente, sem notar que essa é uma noção complexa, nada fácil de definir e que tem implicações filosóficas.

De forma ingênua, a primeira ideia que nos ocorre sobre a realidade é que ela é aquilo que captamos diretamente por meio de nossos órgãos de percepção ou das próteses que para eles construímos com o objetivo de lhes aumentar a potência, como microscópios, telescópios e apetrechos correlatos.

Mas a mente humana não funciona como um instrumento que registra exata e imparcialmente o que está a sua frente, como faria uma máquina fotográfica ou cinematográfica. Nossa percepção passa por filtros afetivos conscientes e inconscientes que podem distorcer completamente o que se nos apresenta. Nossa memória também é pouco confiável, alterando com frequência o passado em função de vivências do presente.

Além disso, ao mesmo tempo que dispomos de recursos poderosos para reconhecer a realidade e nela intervir, transformando-a em nosso benefício, como mostram as conquistas que nos têm proporcionado uma vida mais segura, saudável e confortável, temos também idêntica capacidade de negá-la, com consequências as mais desastrosas.

Há diferentes níveis de negação da realidade. A forma mais radical é a psicótica, que a substitui por alucinações ou delírios que satisfazem sem restrições aos desejos e fantasias que se recusam a abandonar o princípio do prazer. Na neurose, a negação da realidade é mais branda e ocorre parcialmente, sendo os fragmentos negados substituídos por fantasias, devaneios, minidelírios que conciliam as exigências da realidade e as pressões dos desejos inconscientes.

As variações no manejo da realidade descritas pela psicanálise rompem com a rigidez da divisão entre a realidade virtual e a factual.

Mostram que elas não são tão distantes entre si e que o próprio conceito de realidade virtual, popularizado pela tecnologia e pela informática, tem um substrato mais arcaico e universal.

Desde sempre vivemos, cada um de nós, em "realidades virtuais" próprias, singulares, secretas, privadas, íntimas, na medida em que fazemos recortes precisos apagando aspectos da realidade, de modo a adequar suas restrições a nossos desejos inconscientes infantis, dos quais não queremos ou podemos abrir mão.

Enquanto cada um de nós cria uma realidade "virtual" singular fantasmática, que atende às especificidades únicas do próprio desejo inconsciente, a tecnologia, pelo contrário, produz uma realidade virtual padronizada e massificada, materializada num programa de computador a ser processado num *gadget*, como ocorre com o Pokémon-Go.

A tendência a negar os fatos e mergulhar em realidades virtuais é tão antiga quanto o próprio homem e evidencia a dinâmica entre o princípio do prazer e o princípio da realidade. Freud dizia que não toleramos um contato ininterrupto com a realidade. Precisamos diariamente nos afastar dela e nos refugiar no mundo dos sonhos. O sonho é a "realidade virtual" na qual realizamos de forma disfarçada e simbólica os desejos que a realidade nos obriga a abandonar. Não é de hoje que se usam substâncias que criam estados alterados de consciência, afastando-nos da realidade e nos levando para paraísos artificiais (virtuais).

As artes, especialmente as narrativas como a literatura e o cinema, também criam realidades virtuais. Tais estruturas narrativas, ainda que ficcionais, ou seja, não "reais" e sim "virtuais", possibilitam o acesso a importantes verdades humanas que nos seriam inacessíveis sem elas.

Ao reconhecer esse fato, recuperamos o aspecto positivo desses construtos. Eles não se prestam apenas à fuga da realidade por meio do entretenimento, como faz o Pokémon-Go. A realidade virtual produzida pela tecnologia pode ser usada para fins terapêuticos, como mostram relatos recentes de tratamentos experimentais de fobia de avião realizados na França.[2] O paciente, usando óculos especiais que recriam a experiência de voo, é acompanhado por um psicanalista que segue o desenvolvimento de sua angústia no processo e procura usar dos recursos analíticos e cognitivos para ajudá-lo a superar o sintoma.

É um campo promissor. Se as condições de voo podem ser recriadas virtualmente, permitindo que o fóbico as vivencie de forma assistida e controlada junto a seu analista, outras situações traumáticas semelhantes ou mais complexas poderiam ser também recriadas, ampliando o arsenal terapêutico.

Aplicada no entretenimento, como o Pokémon-Go, ou na terapêutica, como no tratamento de fóbicos, a tecnologia mostra a versatilidade desse mais recente exemplar de uma longa e rica tradição.

---

2 O tratamento da fobia para voar através da Realidade Virtual. *Maestrovirtuale.com*. https://maestrovirtuale.com/o-tratamento-da-fobia-para-voar-atraves-da-realidade-virtual/

8. Dezembro[1]

Haveria um mês do ano especialmente cruel? T. S. Eliot, um dos maiores poetas de língua inglesa do século XX, responderia prontamente – sim, abril é o mais cruel dos meses.

No hemisfério norte, abril marca o início da primavera, recebida com grande alegria por trazer com ela o renascimento da natureza, a volta do que desaparecera no inverno. Mas, pensa Eliot, a primavera faz uma promessa enganosa, pois nem tudo retorna, muito se foi para sempre. Por esse motivo, prefere o amortecimento do inverno ao estardalhaço da primavera, que intensifica a dor por tudo que foi perdido definitivamente, que não voltará jamais.

Na contramão do sentimento compartilhado por todos, a primavera provocava melancolia em Eliot. O mesmo ocorre com o Natal para algumas pessoas. Para elas, com certeza dezembro é o mês mais cruel do ano.

Das grandes festividades, o Natal é aquela na qual a família ocupa o lugar mais proeminente. Afinal, nele se comemora a chegada do filho do casal Maria e José. O nascimento de um bebê consolida a família

---

1 Publicado no suplemento "EU &" do jornal *Valor Econômico*, 8 jan. 2016.

como tal. É fato de grande importância e pode trazer muita satisfação para os pais, caso tenham desejado a vinda do rebento, o que nem sempre ocorre. Para os filhos já existentes, a chegada de mais um irmão pode ser vista como uma ameaça à talvez já minguada quota de amor que julgam receber dos genitores.

Mau relacionamento entre os pais, velhas brigas, ressentimentos, rivalidades, ciúmes entre os irmãos – esses são alguns dos motivos pelos quais as famílias, diferente do que é mostrado em risonhos comerciais na mídia, podem ser bem infelizes. E no Natal essa infelicidade fica mais evidente, pois os costumes pressionam para que haja uma confraternização familiar impossível para muitos.

Hoje em dia, a tristeza e a depressão são pecados inaceitáveis no trato social. Escondem-se esses sentimentos, que são transformados no oposto, numa alegria compulsiva, exagerada, que faz soarem falsos o sorriso e a gargalhada.

Mas, perguntaria um leitor discordante, será que todos veem dezembro como o mais cruel dos meses? Não haverá quem goste do Natal? Não existiria a alegria autêntica, legítima? Será toda ela apenas a negação da depressão e da tristeza? O leitor tem razão. Ainda bem que a depressão não reina inconteste no mundo. Há alegria e felicidade genuínas. Há os que gostam e muito do Natal. Tem os que curtem suas famílias e aqueles que, mesmo vindo de lares problemáticos, conseguiram elaborar e superar suas dificuldades.

Eles estão bem, não precisam de nossos cuidados e preocupações. Por isso volto minha atenção para os que não apreciam o Natal e defendo a posição deles, considerando legítimo seu sentimento, entendendo seus motivos, pois sei que o Natal pode evocar um passado doloroso, uma infância infeliz e solitária da qual transuda uma insopitável pungência.

Espera um pouco. Estou mesmo escrevendo "transuda uma insopitável pungência"? Não é essa uma frase excessiva, empolada, fora de lugar? Não deveria seguir o figurino do momento e me ater à secura e à concisão? Por que me deixo levar por essa mania de resgatar palavras esquecidas e empoeiradas, espaná-las, poli-las um pouco e colocá-las de novo em circulação?

O que acontece é que gosto de explorar os recursos da língua, misturar novidades e velharias, a sintaxe magra e dura com estruturas voluptuosas construídas com palavras que repousam solitárias no dicionário como experientes prostitutas que descansam em seu budoar, a rememorar antigas proezas enquanto esperam novos clientes. E se é assim, por que não o fazer?

Dizia da insopitável pungência da infância atualizada pelo apelo ao passado familiar próprio do Natal, o que, para alguns, marcaria dezembro como o mais cruel dos meses. Mas não para todos, como já vimos. A maioria vê dezembro com a agitação característica das festas, dos reencontros, da reafirmação dos votos de amizade, trazendo em seu bojo a perspectiva do ano novo e a abertura para o porvir.

O próprio Natal – se conseguimos vislumbrá-lo debaixo do lixo consumista que o soterra – aponta para a irrupção do novo, a chegada do (in)esperado messias, a renovação de esperanças.

9. Adivinhe o que está faltando...: manginas e machistas, faces da mesma moeda[1]

Nas últimas semanas tem circulado nas redes sociais selfies nas quais homens de aparência viril aparecem despidos, sozinhos ou em grupos, escondendo seus pênis e testículos entre as coxas, de modo a aparentar um púbis feminino. O enigma da pose é elucidado pelo fato de intitularem tais fotos como "manginas".

"Mangina" é um neologismo norte-americano resultante de fusão entre "man" e "vagina" (pronuncia-se "mendjáina") que significa algo como "vagina de homem" ou "homem vagina".

O *Urban Dictionary* – dicionário de gírias norte-americanas online, aberto como a Wikipedia e que estatísticas recentes afirmam receber mensalmente 72 milhões de consultas – lista cerca de 145 entradas para esse vocábulo, a maioria referente a homens que não fazem uso da masculinidade tal como convencionalmente esperado, bem como a práticas homossexuais e manobras realizadas por travestis para ocultar os órgãos genitais. Entre os significados mais importantes da palavra está a caracterização irônica e derrisória do homem heterossexual que, de tanto enaltecer as mulheres e defender seus direitos, esquece

1 Publicado no Caderno Aliás do jornal *O Estado de São Paulo*, 16 maio 2015.

os próprios, terminando por adotar uma atitude de passiva submissão frente a elas.

Nas selfies, os homens que escondem o pênis ridicularizam os "manginas", mostrando-os como castrados que abdicam de seus dotes masculinos por sujeição ao poder feminino.

O "mangina" é o oposto do machista. Enquanto o machista desvaloriza a mulher por considerá-la um ser inferior que deve ser submetido e dominado, o "mangina" a idealiza, celebrando-a como um ser superior ao homem.

Apesar de estarem em polos opostos, "manginas" e machistas se perdem nos labirintos das diferenças entre os sexos.

Ao contrário dos outros animais, para os quais a diferença entre os sexos é fator de inequívoca atração, nos seres humanos, por termos deixado o reino da natureza e ingressado na cultura, essa diferença, além da atração, nos provoca também estranhamento e desconforto. Isso se deve à persistência no inconsciente da forma como a mente infantil lida com as diferenças sexuais. Para a criança, a diferença entre os sexos não é um dado natural, e sim o resultado de uma mutilação, de uma castração, evento ocorrido no contexto narrativo da tragédia edipiana.

O machismo tem raízes nessas teorias sexuais infantis sobre as diferenças entre os sexos: os homens se veem como portadores do falo e por isso desprezam as mulheres que dele estariam privadas. As mulheres, também presas às teorias sexuais infantis, sentem-se diminuídas e invejosas do pênis que os homens possuem.

Essa clássica formulação freudiana recebeu inicialmente muitas críticas do movimento feminista, mas no momento há uma maior compreensão e aceitação em relação a ela, pois ficou mais claro que o falo é o representante de uma completude narcísica inalcançável, da qual somos todos – homens e mulheres – obrigados a desistir.

Além do mais, a atitude arrogante e violenta do machista contra a mulher está ligada a arcaicas vivências com a mãe. Esconde o primitivo temor que esta lhe inspira, sendo ela uma figura onipotente de quem dependia completamente para sobreviver, frente à qual se sente em desamparo. A isso se acrescenta o medo que seu genital lhe desperta por evocar a temida castração e o ódio por ter ela preferido seu rival, o pai.

Em nível individual, há o ressentimento do menino contra a mãe que o "abandonou" pelo pai. Em nível social, ocorre o machismo – o homem atuando uma vingança odiosa contra as mulheres, representantes da mãe que outrora detinha todo o poder.

A truculência do machismo, vigente por tantos séculos, deve ser combatida com todas as forças. Mas para tanto, como afirmam os desinibidos e debochados que posaram nas selfies, os homens não precisam abdicar da masculinidade. Ao que se pode acrescentar, nem as mulheres de sua feminilidade.

A luta do feminismo contra o machismo é um processo em andamento e tem produzido formas invertidas, como casais constituídos por mulheres fálicas, mandonas, impositivas, masculinizadas e homens castrados, passivos, submissos, justamente os "manginas", avacalhados nas selfies.

Ao exibirem jocosamente uma inequívoca compleição física masculina com um inesperado púbis feminino, aqueles homens brincam com as diferenças anatômicas entre os sexos e com os vários níveis da angústia de castração, transitando desde o heterossexual "feminista" até o homossexual, o travesti e o transexual.

Algo semelhante faz o austríaco Tom Neuwirth, que criou uma persona artística – interpreta um personagem, a cantora Conchita Wurst. Travestido como mulher, mantém uma cerrada barba negra, discrepante com o resto de sua figura. Na mesma linha se apresentava o grupo Dzi Croquettes nos anos 1970, aqui no Brasil.

Enquanto o travesti e o transexual abdicam transitória ou definitivamente de um dos sexos – o que tinham originalmente – e adotam por completo o outro, nos casos citados o sexo original não é deixado de todo, dele restando elementos que são expostos de forma ostensiva.

As questões ligadas ao gênero têm gerado muitos debates. A novidade trazida pelas selfies "mangina" consiste no fato de se apresentarem de forma explicita, o que só é possível em função da mudança nos padrões de moralidade e dos avanços tecnológicos que permitem uma difusão instantânea e maciça.

10. Artistas da fome: reflexões sobre um desfile de moda[1]

Freud diz que nós, que fomos forçados a abandonar a onipotência narcísica, ficamos fascinados por aqueles seres que não passaram por essa provação, como as crianças, as mulheres muito belas e os grandes felinos: os tigres e os leões. Eles são tão autocentrados, tão satisfeitos consigo mesmos, que não se dão ao trabalho de nos dar atenção. Eles simplesmente nos ignoram.

Uma fascinação desse tipo ocorre num desfile de moda. As lindas modelos não estabelecem contato visual com ninguém, parecem estar absorvidas em seus mundos particulares, fechadas em redomas indevassáveis. São entes de uma outra espécie, distantes, inatingíveis. Sua artificiosa forma de se movimentar, seus gestos estudados as distanciam ainda mais das pessoas comuns.

Num desfile, o narcisismo das modelos é reforçado pelo prazer exibicionista de ser olhada e admirada pelo público, que, por sua vez, goza de forma voyeurista. Mas não só. Como os desfiles se constituem em concorridos acontecimentos sociais, os espectadores e os convidados

1 Publicado no Caderno Aliás do jornal *O Estado de São Paulo*, 19 abr. 2015.

também estão ali para serem vistos. Narcisismo, exibicionismo e voyeurismo são elementos constituintes de um bom desfile de moda.

Os desfiles ressaltam a carga simbólica que reveste as roupagens, que há muito se afastaram de sua função básica original de nos proteger das intempéries e passaram a ser indicadores significantes de classe social, poder econômico, raízes étnicas e culturais. Mais ainda, as roupas se prestam para marcar a diferença sexual, estimulando o olhar erótico ao mostrar e/ou ocultar determinadas partes do corpo, essa estranha dimensão de nós mesmos da qual, apesar de sua materialidade espessa, visível e mensurável, temos uma apreensão evanescente e pouco definida.

O corpo não é redutível a uma forma orgânica tangível. Ele está transpassado pela fantasia e pelo desejo, e a imagem mental que cada um faz de seu próprio corpo frequentemente não corresponde a sua realidade física.

Os padrões atuais de beleza – mulheres magras, homens sarados – obcecam especialmente os adolescentes, que perderam a imagem corporal infantil em função das mudanças características da idade e estão à procura de uma nova. Mas as preocupações com a aparência do corpo não se encerram na adolescência. Continuam pela vida afora, agravadas pelo inexorável envelhecimento, o que abre espaço para as cirurgias estéticas rejuvenescedoras, muitas delas com resultados desastrosos, senão mutiladores.

Muitas vezes, ao observar as modelos dos desfiles, constatamos que, apesar de sua beleza extraordinária, elas parecem seres andróginos. A excessiva magreza anula os volumes dos seios e das nádegas, as curvas e as reentrâncias próprias de seu sexo. O gestual duro e mecânico que adotam na passarela não condiz com a doçura e a sedução tidas como atributos femininos, dando-lhes um aspecto levemente masculinizado.

Esses seres de sexo indefinido nos evocam a saída da infância, quando tivemos de fazer o luto pelo corpo infantil e pelas fantasias bissexuais, assumindo de uma vez por todas as diferenças entre os sexos, com todas suas complexas consequências.

A magreza e a obesidade podem ser formas defensivas contra as angústias trazidas pela perda do corpo infantil e pela assunção do corpo adulto. Os muito magros e os muito gordos igualmente ocultam as formas próprias de cada sexo, numa tentativa de driblar a castração, passagem momentosa pela qual temos necessariamente de transitar para atingir a nossa identidade sexual.

Comer muito em lautos banquetes ou jejuar piedosamente são hábitos opostos arraigados em todas as culturas. O primeiro é uma das formas mais consagradas de festejo entre as pessoas e o segundo é prática religiosa purificadora, que propicia a superação dos aguilhões da carne.

Anorexia e obesidade são variações desses hábitos universais, distúrbios alimentares de larga prevalência na clínica atualmente. O que era comemoração e congraçamento social se encaminhou para um solitário empanturrar-se de comida, a elevação espiritual do jejum degradou-se numa exigência fútil da moda.

Ambos os quadros têm uma vinculação com a mídia. A anorexia, pela veiculação impositiva de padrões de beleza; a obesidade, pela propaganda de alimentos poucos saudáveis. Muito mais decisivo que esses fatores que influenciam a patologia alimentar são os mecanismos psíquicos ligados às experiências primárias com nosso primeiro alimento, o leite materno, e ao mundo fantasmático que então o envolvia.

Kafka, em seu conto "Um artista da fome", mostra aspectos importantes da dinâmica inconsciente presente na alimentação. Do início do século XVIII até final do século XIX, jejuadores profissionais, que se intitulavam "artistas da fome", se exibiam em cidades da Europa e da América do Norte em turnês muito populares. Os expectadores se divertiam apostando por quanto tempo eles manteriam o jejum ou se o fraudariam, pois muitos eram vistos como farsantes.

O "artista da fome" de Kafka tem características muito especiais. Ele efetivamente cumpre com seu jejum e jamais tenta enganar o público.

Lamenta quando o tempo determinado se esgota e tem de sair de sua jaula para retomar a vida normal. Sente-se incompreendido, pois, ao contrário do que pensam, para ele o jejuar não é nenhum sacrifício, pois despreza o alimento e gostaria de continuar a jejuar indefinidamente.

Com o tempo, aquele tipo de espetáculo cai em desgraça e o artista da fome, antes renomado e gozando de grande prestígio, se vê obrigado a trabalhar humildemente num circo. Em vez de ocupar o centro do palco como antes, sua jaula é colocada perto dos estábulos e dos animais selvagens. Ninguém mais se interessa por suas façanhas. As pessoas percebem sua existência apenas porque ele está no trajeto onde ficam as feras que elas vão olhar. Em completo ostracismo, um funcionário do circo o encontra num monte de palha apodrecida no chão de sua jaula, em seus últimos estertores. Antes de morrer, ele diz para o funcionário que jejuava não por não gostar de comer, mas por nunca ter encontrado um alimento que o agradasse. Em seguida, morre e o lugar que ocupava é substituído pela jaula de uma pantera estuante de vida, que se alimenta ruidosamente comendo grandes pedaços de carne, como o fazem todas as demais feras do circo.

O artista da fome passou a vida afirmando seu desprezo pelo alimento. Acreditava poder prescindir dele e ser capaz de jejuar sem nenhum limite, como se com isso não colocasse sua vida em risco. Sua arrogância ocultava a infelicidade de nunca ter encontrado o alimento almejado.

Podemos supor que o alimento desejado e jamais encontrado tenha alguma relação com o seio materno, o primeiro alimento, aquele que representa a relação constituinte com a mãe. Ao dizer que nunca encontrou esse alimento, o artista da fome sinaliza quão insatisfatória foi sua relação com o seio, seja por dificuldades da mãe, que nunca pôde lhe dar de forma adequada e prazerosa o "alimento" (amor, carinho, cuidados), seja por dificuldades dele mesmo, pela forma invejosa e voraz, como diria Melanie Klein, com que teria recebido a oferenda materna. De uma forma ou de outra, o resultado foi uma grande frustração, desencadeadora de ódios e culpas, condição possivelmente agravada com o posterior aparecimento do pai.

O artista da fome age como uma criança ressentida com a "crueldade" da mãe que lhe "recusou" a alimentação desejada. Ele se mostra incapaz de elaborar a perda do seio e substituí-lo por seus derivados e substitutos.

Ao jejuar, o artista da fome veicula vários e contraditórios sentimentos. Mostra a insatisfação com o alimento oferecido na atualidade, que é desvalorizado por estar muito aquém daquele perdido, idealizado e inacessível. De forma reativa, expressa sua onipotência, afirmando prescindir do alimento, da mãe. Controla a voracidade despertada pela falta do alimento desejado. Transforma no contrário o desejo canibalesco de devorar vingativamente tudo a seu redor, especialmente aqueles que considera como responsáveis por sua fome insaciável.

No conto, esses elementos de agressividade oral são representados pela pantera que o substitui na jaula após sua morte. A pantera jamais esconde seu apetite e seu prazer em devorar os alimentos.

É importante notar que a relação do artista da fome com os animais antecede o aparecimento da pantera. Desde o início do conto o lugar que ocupa durante o espetáculo da fome é chamado de "jaula" e, com o declínio de sua arte, quando vai para o circo, sua "jaula" é colocada longe do picadeiro, próximo dos animais, de bestas e feras. Vemos então que, enquanto ele tem de inibir completamente o prazer com a comida, as feras podem satisfazê-lo plenamente – elas comem grandes nacos de carne crua e rugem de satisfação ao fazê-lo.

Essa significativa proximidade com os animais e a atitude oposta frente à maneira como eles se alimentam denunciam o real motivo de seu jejum. O artista da fome não pode satisfazer seus desejos orais por temer que eles desencadeiem uma voracidade canibalesca que a tudo e a todos destruiria, tendo consequentemente de ser inibida. A melancolia provocada pela introjeção da agressividade o desvitaliza e o transforma num amontoado de "palha apodrecida", o que inicialmente afasta seu público e termina por lhe roubar a vida.

O conto de Kafka pode ser entendido como uma elaboração metafórica dos conflitos arcaicos da criança com a mãe. Os sintomas que mais tarde aparecerão no adulto sob a forma de distúrbios alimentares, como em suas duas vertentes extremas de anorexia e obesidade mórbida, são resquícios desses antigos e decisivos embates.

11. Três ataúdes[1]

O falecimento de alguém tem uma face privada, na qual se manifesta o sentimento de perda daqueles que conviviam com o morto, e uma irrevogável dimensão pública, concretizada na cerimônia do funeral.

Algumas mortes são acontecimentos de grande repercussão social, gerando notícias nos meios de comunicação. Outras são quase clandestinas, das quais só se toma conhecimento tempos depois, por acaso. Ah, Fulano, morreu! Não diga, foi há pouco? Não, não, faz muito tempo!

Na página dos obituários, algumas mortes são proclamadas em espaçosos anúncios fúnebres nos jornais, que expressam a amplitude do poder social, financeiro ou político do morto e procuram fazer crer que a dor que elas provocaram, chorada seguramente entre veludos negros e suntuosos brocados, é infinitamente maior do que a sentida pelos familiares daqueles cuja morte mal se percebe, espremida que está na lista de falecidos do dia.

Quando alguém pensa sobre a própria morte, faz consigo mesmo um balanço íntimo de sua vida. Se imagina o próprio funeral, pensa em como os *outros* avaliariam sua vida. Ambas as especulações são

---

1 Publicado em *Psychiatry On-line Brazil*, 19(1), jan. 2014.

intimidantes, embora, no mundo de aparências em que vivemos, a segunda possa parecer mais vexaminosa, uma vez que muitos veem no funeral uma forma de aquilatar a importância do falecido. Nesse sentido, algumas questões podem surgir. Como as pessoas se comportariam no velório? Tudo aconteceria dentro do convencionalmente esperado? Os familiares demonstrariam o devido pesar? Os amigos estariam presentes em quantidade e qualidade condizentes com as expectativas gerais?

Marina Abramović é a extraordinária praticante de um tipo evanescente e peculiar de arte, a *performance art*. Ao contrário das demais obras de arte – um livro, um quadro, uma peça musical – que, ao serem concluídas por seus autores , deles se desprendem e seguem vida autônoma, a *performance art*, tal como realizada por Marina Abramović, apoia-se inteiramente na presença e corporeidade do artista. É por meio da concretude e a materialidade densas da carne que Marina Abramović expressa suas simbolizações e suas sublimações. Nisso sua arte se aproxima da dança, que usa o corpo para os mesmos fins.

Não fossem os registros (fotos, filmes, vídeos etc.), as manifestações dessa modalidade de arte seriam acessíveis apenas ao público presente no momento da apresentação pelo(s) artista(s).

Sobre Marina Abramović, vimos há pouco um excelente documentário que conseguia a proeza de mostrar de forma simultaneamente didática e tocante as complexidades de seu processo criativo, com o qual transforma traumas emocionais e psicológicos em obras de arte (*Marina Abramović: Artista Presente*, de Matthew Akers e Jeff Dupre, 2012).

Atualmente (dezembro de 2013), está sendo encenado em Nova York o espetáculo *The Life and Death of Marina Abramović*, no qual a artista, auxiliada pelo prestigiado dramaturgo e diretor de teatro Bob Wilson, relembra episódios de sua vida e encena seu próprio funeral. Foi produzido um filme sobre a apresentação, a ser lançado proximamente.

Ao ler sobre o espetáculo chamou-me atenção o fato de a cena do velório dispor de três ataúdes e não apenas um, como era de se esperar. Mesmo desconhecendo o texto da peça, a ideia em si pareceu-me instigante, entendi-a como uma provocação jocosa, uma ruptura da solene e inabalável circunspecção das cerimônias fúnebres. Onde está o corpo? Em qual dos três esquifes estaria a morta? Abramović surpreenderia os visitantes de seu velório com uma última manifestação de humor, evocando o jogo, o inesperado movimento, a surpresa, elementos tão característicos da vida. Com isso, os amigos sairiam reconfortados do funeral, percebendo que, se Abramović morrera, a vida continua, bem como sua obra.

Mas talvez a reflexão mais pertinente despertada pela presença dos três ataúdes seja a constatação de que não somos unos e indivisos. Quantos ataúdes seriam necessários para abrigar a multiplicidade de personagens e mundos que estiveram acomodados num único corpo até que a morte desfizesse a argamassa que os mantivera ligados durante a vida?

Mistérios que apenas testemunhamos, sem poder resolvê-los. Mas com os quais podemos brincar, como indicariam essas cenas criadas por Marina Abramović.

12. *Logos* demais, *páthos* de menos: resenha de *Janelas irreais: um diário de releituras*, de Felipe Charbel[1]

Felipe Charbel é doutor em História Social da Cultura pela Pontifícia Universidade Católica do Rio de Janeiro (PUC-Rio) e professor do Instituto de História da Universidade Federal do Rio de Janeiro (UFRJ). Nos últimos anos se dedica ao estudo da literatura contemporânea com ênfase em ficção histórica e tem publicado ensaios e textos acadêmicos.

Tais informações, colocadas no final de seu livro *Janelas irreais: um diário de releituras* (Relicário, 2018), são necessárias para que o leitor entenda suas peculiaridades e a luta do autor para se desfazer da camisa de força da academia e ingressar no mar aberto da criação literária. Indícios dessa luta se fazem presentes no texto, que muitas vezes não parece brotar naturalmente, e sim ser sugado das profundezas para a página do livro através de trabalhosas máquinas teóricas e arquivos atulhados.

Para compor seu livro, Charbel aproveitou três ensaios previamente publicados em "versões preliminares": "Ensaios", no qual discorre sobre os livros do escritor chileno/espanhol Roberto Bolaño; "A coisa real",

1 Publicado no suplemento "EU & Fim de Semana" do jornal *Valor Econômico*, 28 set. 2018.

sobre os livros de Philip Roth; e um terceiro que trata da paternidade ou de como a morte do pai é tratada por alguns autores (Cony, Auster, Roth e outros).

Visando dar uma unidade romanesca ao livro, Charbel enxerta nos ensaios um fio ficcional que, com esforço, atravessa grandes blocos de ensaísmo acadêmico e abundantes citações, até desaguar no quarto capítulo, "O canto da sereia", onde finalmente toma corpo e corre mais caudaloso. O leitor fica agradecido, pois até então estava intimidado com tamanha demonstração de erudição por parte do autor e, envergonhado de sua própria ignorância, desejava procurar asilo em outro livro, de alguém que simplesmente escrevesse sua história, sem remetê-la a tantas outras.

O fio ficcional que percorre os ensaios literários até desembocar no capítulo 4 poderia ser assim resumido – o narrador, casado, mantém por muitos anos uma correspondência erótico-literária via internet com Hanna, uma mulher também casada. Quando finalmente se encontram pessoalmente, rompem seus casamentos, iniciam um caso e ela o acompanha até Nova York, onde recebeu uma bolsa de estudos. Ao regressarem ao Brasil, se separam. Acompanhamos, assim, o tortuoso e literário relacionamento dos dois por meio do diário do narrador e de fragmentos do romance epistolar que mantiveram.

No cipoal de citações de livros e escritores se escondem aqueles que seriam talvez os temas literários mais promissores – o anseio pela literatura, a morte do pai e a perda da primeira mulher. Mas Charbel como que se esquiva de abordá-los diretamente, se escondendo atrás de biombos literários. Por exemplo, a morte do pai, apesar de perpassar todo o livro, é tratada mais por meio de citações de vários autores que escreveram sobre o tema, ficando o narrador distante, sem se comprometer, como ele próprio confessa:

> *a ideia era, a partir deles [os romances relidos], investigar as fissuras que se abriram na minha consciência, resultado de*

> *uma desgastante sondagem interior, me obrigando assim, pela leitura e pela escrita, a enfrentar pela primeira vez em sete anos o aniversário da morte de meu pai. Mas por razões que a mim mesmo não ficam inteiramente claras, isso não foi possível. No dia em que eu deveria me ocupar com a memória do meu pai, não pensei nele uma única vez. (p. 83)*

Algo semelhante ocorre em relação à primeira mulher, referida apenas como "a inominável", de quem o narrador nunca fala, nem "mesmo com a analista" (p. 164), apesar de ou por temer romper "os grilhões doces e suaves" (p. 182) que o prendem a ela. Com isso, inadvertidamente o autor dá uma relevância inesperada a esse obscuro personagem, despertando a curiosidade do leitor. O que teria acontecido de tão terrível entre os dois para que o narrador se sinta incapaz de nomeá-la e tratá-la como um objeto literário?

Ao delegar a outros escritores aquilo que ele mesmo poderia produzir, Charbel corre o risco de deixar seu texto desvitalizado, pois a seiva da vida fica substituída pela tinta de papel. Tem-se um livro interessante, sim, mas é um livro sobre livros, não sobre homens. Aquilo que nele poderia expressar *páthos* (sofrimento, dó, compaixão, empatia, sangue) fica substituído por *logos*, excessivamente racionalizado, intelectualizado, livresco, *bookish*. O próprio narrador parece se dar conta disso ao dizer: "por ter subsistido tantos anos numa dieta intelectual rigorosa, à base de tratados de filosofia e textos teóricos densos, sinto como se minha existência interior fosse um aglomerado de ideias feitas" (p. 18), ou ainda: "mas sempre teremos este universo feito só de palavras. Sempre teremos o *logos*. O que me entristece, me revolta até, é que muitos outros tiveram Paris" (p. 115).

O fardo de erudição literária não facilita a Charbel o exercício de sua capacidade autoral de pensar o novo e falar com voz própria, independente da grandeza do que já foi criado.

O sofrido luto do pai relatado pelo narrador parece refletir o emperrado luto pelos pais literários vivido pelo autor. Charbel precisa se desembaraçar do peso da herança dos grandes escritores para enfrentar o solitário e incerto caminho da criação. Esse sério e cuidadoso "diário de releituras" dá mostras de ter ele recursos suficientes para tanto. Por que não ousar também ter Paris?

13. Resenha de *A balada do cálamo*, de Atiq Rahimi[1]

Atiq Rahimi, como ele mesmo diz "nascido na Índia, encarnado no Afeganistão e reencarnado na França", é cineasta, escritor e artista plástico, autor de vários livros já publicados no Brasil.

A balada do cálamo (Estação Liberdade, 2018), agora lançado no Brasil, é um livro peculiar. São ralos os elementos autobiográficos – a vida no Afeganistão, o pai juiz da Suprema Corte antes de ser torturado e ficar 10 anos na prisão, a mãe enlouquecida procurando talismãs para protegê-los contra a má sorte, a morte do irmão comunista, a fuga para a Índia e, finalmente, o aportar na França, a residência em Paris e o desenvolvimento de seus talentos artísticos. Tais elementos autobiográficos estão diluídos num forte caldo poético e aforismático, cuja degustação exige um paladar educado, como acontece com as ostras e o caviar. Nem todo mundo aprendeu a gostar.

Numa noite parisiense, Rahimi se dispõe a escrever sobre o exilio, essa condição cada vez mais frequente num mundo em ebulição geopolítica, mas logo se dá conta da dificuldade para abordar essa

1 Publicado no suplemento "EU & Fim de Semana" do jornal *Valor Econômico*, 27 jul. 2018.

experiência inefável de perdas e descentramentos, uma voragem que ameaça a própria identidade. Sem encontrar as palavras adequadas, espontaneamente faz na folha em branco à sua frente um traço que o faz lembrar o *alef*, a letra sagrada da escrita persa.

É um bom achado, pois o rabisco o leva de volta à infância, às aulas de caligrafia, ao uso do cálamo – o caniço usado para escrever, ou melhor seria dizer desenhar, as letras de sua escrita pictográfica, intimamente ligadas à palavra sagrada de Alá, uma experiência formativa muito diferente da que temos nós, ocidentais, que há muito habitamos um mundo mais laico, no qual a escrita já não guarda tantos resquícios da ligação com o sagrado, com a palavra divina. Dessa forma, Rahimi descobre a via para escrever sobre o exílio por meio da língua e de sua escrita e, ao fazê-lo, reencontra sua cultura e a reafirma, constatando que não a perdeu, pois ela se entrelaça com as demais culturas do mundo.

Muitos são os exílios, descobre Rahimi. Somos exilados do útero, do Éden, da infância. Mas se dá conta de que há uma dimensão libertadora no exílio. Além de fonte de sofrimento e rompimentos irreparáveis, ele é também o desejo e a necessidade de partir, o partir para não morrer. Diz ele: "Minha mãe [no parto] suplicava-me para partir, não para se livrar de mim, mas para não morrer de dor, ou para não me deixar nela perecer" (p. 63).

Mas Rahimi transcende o tema do exílio, na medida em que se embrenha no mistério das letras e das palavras, no ofício do escritor, em sua tarefa de captar a vida fugidia que escapa pelos dedos, pelos dentes, pelos braços e fixá-la em letras, palavras, escrita, texto, literatura, vencendo com isso o esquecimento, a morte, o vazio. Talvez seja essa extraordinária façanha do escritor que explique o porquê da conotação misteriosa e mágica que acompanha as letras e a palavra escrita, algo que as aproxima do sagrado, do divino, da palavra dos deuses.

Embora fiel a sua cultura e sua língua, Rahimi as subverte ao transformar a caligrafia em calimorfia. Explica: "a calimorfia desnuda a letra, ou mais precisamente, desveste a língua, minha língua, o persa.

As letras não são mais ali signos gráficos abstratos para embelezar, ornar e sublimar a palavra de uma verdade divina; ela 'naturaliza' o arbitrário das letras e palavras. Ela busca humanizar o sagrado, e recusa-se a sacralizar o humano" (p. 144).

As calimorfias de Rahimi, em que as letras se antropomorfizam, se transformam em corpos humanos, especialmente em corpos de mulher, da mãe e da amante, terminam por ser consideradas pelos críticos como produções de artes gráficas, passíveis de serem colocadas no mercado de arte. Escrever, filmar, desenhar – formas de Rahimi lidar com o exílio, de transformar a desordem interna por ele provocada numa ordem estética.

Da leitura de *A balada do cálamo* se desprendem duas importantes constatações. Ao pinçar textos literários e místicos das mais diversas épocas e proveniências, Rahimi propõe uma "tessitura de diferentes artes, a mestiçagem de diferentes culturas, de diferentes religiões, de diferentes línguas" (p. 103). Dessa forma, posiciona-se contra a ideologia delirante da raça pura, que tanta destruição já causou. Por outro lado, ao expor a antiga e grande riqueza cultural do Islã, corrige a falsa imagem alimentada pela mídia, que o reduz ao fanatismo religioso bárbaro e selvagem do terrorismo político.

14. A escrita feminina de *Carta à rainha louca*, de Maria Valéria Rezende[1]

Não sou crítico de literatura, mas penso que esse livro de Maria Valéria Rezende (MVR), *Carta à rainha louca* (Alfaguara, 2019), bem se prestaria às discussões – que já foram mais calorosas, mas, a meu ver, mantêm seu interesse – sobre a existência de uma literatura especificamente feminina, reveladora da condição da mulher num mundo controlado pelos homens.

Hélène Cixous, que foi muito próxima de Derrida, cunhou a expressão "écriture féminine" (escrita/escritura feminina), propondo que haveria um discurso próprio da mulher que fugiria à lógica fálica do discurso do homem e que se expressaria na literatura abordando temas próprios das mulheres dos quais os homens se apropriaram, como se apropriaram de tudo, autorizados pelo regime patriarcal imperante. Segundo Cixous e outras teóricas francesas que abordaram essas questões, o discurso (e a escrita) da mulher, que se organiza de forma arborizada e sinuosa, diferente do discurso linear e centrado do homem, refletiria a própria diferença sexual.

1 Publicado no suplemento "EU & Fim de Semana" do jornal *Valor Econômico*, 19 jun. 2019.

Nos homens, a sexualidade é centrada e unificada no pênis, na mulher é difusa e espalhada por todo o corpo, sem que necessariamente alguma área do corpo exija para si especial atenção. O falogocentrismo – palavrão criado por Derrida que intimida a muitos, mas que sintetiza a primazia do falo e do logos (razão, lógica) na sexualidade e no pensamento filosófico – que domina há séculos a cultura ocidental tem cerceado ou impossibilitado outras formas de ser e representar/simbolizar não regidas por tais princípios. A força do falogocentrismo é tamanha que quase não há repertório simbólico para expressar o propriamente feminino. Por exemplo, só muito recentemente foi possível articular coerente e sistematicamente o questionamento do poder patriarcal, de forma a desnaturalizá-lo. Até há pouco, tal questionamento feito pelas mulheres era visto pelos homens como manifestação de "loucura" ou "histeria", maneira de sumariamente desautorizá-lo e calá-lo.

Mas voltemos ao livro de MVR e a como ele se adequaria como exemplo de "écriture féminine". MVR estruturou seu livro de forma engenhosa, dividindo-o em quatro capítulos, nomeados com os anos de 1789, 1790, 1791 e 1792, o que define a ação dos personagens num tempo específico e estabelece sua obra no gênero do romance histórico. Nele lemos uma longa carta que Isabel Maria das Virgens escreve para a rainha de Portugal, Dona Maria I, clamando por justiça. Para tanto, relata suas aventuras, venturas e desventuras (na verdade, mais desventuras) decorrentes do fato de ser mulher deserdada e desamparada nas lonjuras e na selvageria da colônia, o que a forçou a perambular pelos rincões de Bahia, Pernambuco e Minas Gerais, muitas vezes disfarçada de homem e exercendo ofícios considerados exclusivos desse sexo, como ler e escrever – quer seja como escriturário, copista ou falsificador de documentos ou como autor dos textos que escrevia.

MVR mostra grande habilidade no manejo do receituário do romance histórico. Espalha os condimentos de forma sutil e delicada, de modo que a interessante massa de informações sobre usos e costumes do Brasil colonial e os acontecimentos da metrópole portuguesa estão perfeitamente integrados no entrecho narrativo, sem aquele insípido sabor de verbete de enciclopédia, frequente em romances do gênero. Com fluidez desfilam no texto a violência do poder patriarcal, as mulheres como objeto de posse, troca e negociações por parte dos homens, as seduções e os estupros, a escravatura, as peculiaridades dos negócios da colônia controlados pela coroa portuguesa e seus efeitos sobre as transações comerciais do sal, do papel e da tinta para escrever. Como pano de fundo, está a Revolução Francesa, já anunciada no título do capítulo inicial – 1789 –, o Processo dos Távoras, que teriam tentado matar Dom José I, pai de Dona Maria I, e foram punidos de forma exemplar pelo Marques de Pombal, e a Inconfidência Mineira.

MVR usa o estratagema de rasurar nas páginas da carta trechos que a missivista considera a posteriori como inconvenientes. São saborosas críticas e ironias que poderiam comprometê-la frente à rainha.

O mais interessante do livro de MVR é que ela, tal como a missivista Isabel Maria das Virgens, é cheia de expedientes e, como quem não quer nada, no contexto do romance histórico, contrabandeia outras mercadorias, como a denúncia do patriarcado e reiteradas reflexões sobre o ato de escrever – o prazer daí auferido e suas propriedades terapêuticas. As longas descrições de Isabel Maria das Virgens sobre as dificuldades de arranjar papel e tinta para fazê-lo – itens sob estrito controle do poder estabelecido – valem também como metáfora, expressando a denúncia desse exilio do mundo simbólico regido pelos homens, que lhe nega instrumentos para expressar o que é próprio das mulheres.

No final do livro, Isabel Maria das Virgens descobre que a rainha, a quem recorria contra os desmandos e as injustiças dos homens e a quem atribui todo o poder, fora deposta como louca e cedera a regência para seu filho, que viria a ser D. João VI e logo mais arribaria com toda a corte por essas plagas tropicais, fugindo do vendaval napoleônico. Sem se desesperar, Isabel transforma seu pedido de socorro à rainha em disposição de ser sua eventual salvadora, conscientizando-se de que estão – ela e a rainha – irmanadas e prisioneiras na condição de mulher num mundo onde os homens exercem o poder de forma implacável. Dessa forma, MVR conclui de forma brilhante seu livro, dando-lhe abertura e atualidade que bem agradariam a Cixous.

É sabido que a autora durante longo período se dedicou à vida religiosa. Haveria algum resquício dessa experiência nas sofridas peregrinações de sua personagem por conventos e estabelecimentos afins, que a fizeram ter uma visão descrente e amarga sobre eles? A questão é pertinente no sentido de que aponta para uma aguda antinomia – a existente entre os postulados da vida religiosa feminina e os pressupostos do feminismo.

Quem sabe a leitura do livro de MVR dê mais coragem às mulheres para assumirem o feminismo, sem medo de serem taxadas de "loucas", "histéricas" ou "lésbicas".

15. Trevisan retrata país com ares de ópera bufa: resenha de *A idade de ouro do Brasil*, de João Silvério Trevisan[1]

Como dedicatória de seu livro *A idade de ouro do Brasil* (Alfaguara, 2019), João Silvério Trevisan escreve: "Ao Espírito do Tempo, que paira sobranceiro e tudo registra, para compor a narrativa da História" (p. 5).

As muitas maiúsculas da frase e sua grandiloquência me remeteram de imediato a *O vermelho e o negro*, de Stendhal, e *Guerra e Paz*, de Tolstói. Neles, como se sabe, os dois gênios literários capturaram o Vento da História e o Espírito do Tempo encarnados na figura extraordinária de Napoleão Bonaparte, que demoliu uma concepção de mundo centrada no absolutismo justificado pela vontade divina, abalando assim uma estrutura sociopolítica que se mantinha há muito e marcando de forma indelével seus contemporâneos e a posteridade.

A gravidade solene da dedicatória me fez pensar que Trevisan, mirando-se naqueles exemplos, também se dispunha a criar um amplo painel mostrando a sociedade e suas antinomias, o mundo no qual nos debatemos, acossados pelas adversidades trazidas pela realidade externa e por nossos demônios interiores. Mas, percebendo que seria

1 Publicado no suplemento "EU & Fim de Semana" do jornal *Valor Econômico*, 24 jan. 2020.

desmedido comparar qualquer escritor com aqueles gigantes, ajustei minha perspectiva.

Trevisan situa a ação de seu livro no ano de 2009, quando Lula estava no momento mais otimista de seu governo e o ingresso do Brasil nos Brics assim como a descoberta do pré-sal alimentavam grandes esperanças.

Numa mansão no interior de São Paulo, reúnem-se alguns homens poderosos visando criar um partido político – o "Partido Nacional Liberal". Nesse encontro, é esperado com ansiedade um misterioso personagem que poderia vir a exercer a liderança do grupo. Trata-se de um capitão do exército, cuja descrição parece algo familiar ao leitor e que, ao chegar, assusta e decepciona a todos com sua grosseria e seu radicalismo. O capitão é visto como a encarnação do mal e, apesar da frustração que causa no grupo, provoca uma forte impressão, transformando-o de forma definitiva:

> *Sem se dar conta, esses políticos não seriam mais os mesmos. A partir daquele instante em que o braço punitivo se levantou, rasga-se a cortina de um drama medíocre para entrar em cena o desvario da história. O espírito do tempo, com sua lógica grávida de enigmas, determina a supressão da máscara, para que o mal se revele nu. Uma vez cancelada a máscara, a mansão das rosáceas toma o rumo de uma narrativa errática, à procura de um sentido indecifrável. A cena se abre para a necessidade de novos profetas. Ou profetisas, como se verá. (p. 66)*

Declaração tão altissonante poderia fazer pensar que o tal capitão ocuparia um lugar de relevo nas tramoias em torno da corrupta luta pelo poder. Mas não é o que acontece. Após a breve e intensa apresentação, ele desaparece e entram em cena os travestis que o anfitrião havia contratado para relaxar e animar seus convidados após seus exaustivos trabalhos. E a calamidade temida desencadeada pelo contato com o maligno capitão logo se concretiza no mortal embate entre os políticos e a trupe de travestis.

Comandados pela "majestática" Vera Bee, os travestis entram em desacordo com o dono da casa e a situação sai fora do controle. No grande impasse que se instala, Vera Bee mostra que, além das preocupações com roupas, caras e bocas e com o show que iriam fazer, tem ideias próprias sobre política. Numa identificação delirante com Carlota Joaquina, ela escreve um blog na internet com o pseudônimo de "Carlota II, a Sábia", em que expõe um desconjuntado e ingênuo projeto de redenção nacional. O blog se intitula "A idade de ouro do Brasil", em homenagem ao jornal homônimo publicado em Salvador entre 1811 e 1823, algo viabilizado pela chegada da corte portuguesa, uma vez que até então inexistia a imprensa nessas plagas tropicais.

Tal como Cazuza, que numa canção se perguntava "que país é esse", expressando sua indignação com a incessante esbórnia, a irresponsabilidade e a inconsequência que caracterizam de longa data a atuação de nossos homens públicos, Trevisan (que cita a canção no livro) procura fazer algo semelhante, ao ficcionalizar esse momento de desmascaramento e desidealização que o país vive em relação a seus líderes.

Mas, deliberadamente ou não, e sem se deixar inibir pelo politicamente correto, Trevisan se atém a um registro caricatural e *kitsch*, fazendo com que aquilo que poderia ser uma ópera trágica assuma ares de ópera bufa, uma pornochanchada com todos os seus tiques e ademanes.

16. Bolsonaro, Trump, Agamben: tipos diferentes de onipotência no trato da questão do coronavírus[1]

Enquanto reconhecidas autoridades sanitárias mundiais preconizam o confinamento e a quarentena das populações como forma de evitar a propagação do coronavírus, dois políticos – Trump e Bolsonaro – se colocam na posição oposta, denunciando o que consideram ser uma "histeria" alimentada por uma imprensa movida por interesses escusos e teorias conspiratórias.[2]

Tal posicionamento, criticado e repudiado ferozmente por todos, tem um inesperado reforço fornecido pelo importante filósofo italiano Giorgio Agamben. Em fevereiro de 2020, quando o vírus não tinha

---

1 Publicado em *Psychiatry On-line Brazil*, 25(4), abr. 2020.

2 Apesar de ocorrida há tão pouco tempo, a pandemia de covid foi rapidamente sepultada. Mal nos lembramos do medo, da angústia, dos milhões de mortos, da intensidade dos debates sobre as medidas sanitárias a serem tomadas, da quarentena, do confinamento, da eficácia dos "tratamentos" antes da descoberta da vacina, ela mesma tão atacada. Isso não nos deve surpreender, o trauma foi intenso e os mecanismos de defesa então desenvolvidos continuam atuantes no presente. Quis manter este texto, escrito no início da calamidade e que já parece tão "defasado", como um testemunho daquele momento, uma reflexão sobre como a sociedade respondeu a uma tão grande ameaça. E, mais ainda, como uma manifestação de luto por todos aqueles que nos foram arrebatados pela covid, entre eles meu irmão Francisco José, a quem dedico este texto.

ainda produzido na Itália todo o estrago hoje conhecido, o filósofo, usando seu conhecido aparato teórico, se opunha ao confinamento e à quarentena da população por vê-los como manobras para estabelecer um "estado de exceção", com o qual o poder estatal, visando seus próprios interesses, restringe liberdades essenciais da população. Agamben acredita que, assustada, a população aceita tais restrições que reduzem sua existência à expressão mais simples, à mera sobrevivência física despojada de toda riqueza ética, simbólica e cultural da vida em sociedade, condição que denomina "vida nua".[3]

É interessante contrapor a análise de Agamben com a realidade, que mostra as populações atingidas acatando de forma consciente e colaboradora tais medidas, não por motivos egoístas e mesquinhos, que a reduzam à mera "vida nua", à simples sobrevivência física, e sim por respeito ético à própria vida e à do outro, especialmente a dos mais vulneráveis, no caso, os idosos.

É verdade – como diz Agamben – que as deliberações sobre o confinamento e a quarentena estabelecem um "estado de exceção" e que este poderia expressar desejos totalitários do poder, como já ocorreu tantas vezes na história, mas essa tese não pode ser aplicada sem que sejam examinadas as situações específicas em jogo.

No caso em questão, a atitude de Trump e Bolsonaro contraria a hipótese de Agamben, pois, ao invés de defenderem o "estado de exceção", aqueles governantes propugnam o contrário, ou seja, seu encerramento. É claro que não pelos motivos éticos defendidos pelo filósofo – o respeito aos direitos de ir e vir, de se reunir e congregar, as considerações éticas em torno da vida –, e sim para "salvar a economia", que estaria ameaçada justamente pelas medidas do "estado de exceção". Essa atitude é vista por muitos como a expressão mais crua da ganância

---

3 Para se aprofundar na visão de Agamben, ver: https://itself.blog/2020/03/17/giorgio-agamben-clarifications/; https://ilmanifesto.it/lo-stato-deccezione-provocato-da-unemergenza-immotivata/.

do capitalismo, que, como sempre, coloca o lucro acima de qualquer consideração humanitária. Mais ainda, Trump e Bolsonaro são contra o "estado de exceção" porque ele interfere diretamente em seus objetivos políticos imediatos, ameaça seus planos para se manterem no poder.

Essa discrepância entre a realidade fática e as considerações teóricas de Agamben nos faz pensar que se em outros momentos (os grandes totalitarismos do século XX) o controle das massas por meio de confinamento, proibições de encontros sociais etc. era a expressão máxima do poder do Estado, hoje em dia – como mostra a postura de Trump e Bolsonaro – esse controle passa por outras vias, especialmente pela manipulação e pelo controle social por meio das redes da internet, como no caso do "Gabinete do Ódio" (Bolsonaro) e das maquinações da "Cambridge Analytica" (Trump).[4]

O episódio é ilustrativo por expor duas faces da onipotência no trato de um problema de máxima gravidade e magnitude – a onipotência do conhecimento e da cultura, representada por Agamben, e a onipotência da ignorância e da má-fé, na postura de Trump e Bolsonaro. Ainda bem que a realidade, como sempre, terminou por se impor. Trump foi forçado a rever suas posições (o que provavelmente deve ocorrer em breve com seu discípulo Bolsonaro), e Agamben recebeu diversas críticas apontando os equívocos de seu argumento.

A eclosão da pandemia nos força a reconhecer nossa vulnerabilidade e nossa fragilidade. Orgulhosos com o saber científico conquistado, que nos permite avanços tecnológicos inauditos, somos forçados a retomar os mesmos procedimentos adotados séculos atrás para controlar as pestes que periodicamente se abateram sobre a humanidade, das quais pensávamos ter-nos livrado definitivamente.

Situações inesperadas e emergenciais como a que estamos vivendo com a pandemia do coronavírus geram necessariamente angústia e

4 Ampla informação sobre "Gabinete do ódio" e "Cambridge Analytica" pode ser acessada via buscadores da internet.

incertezas. É só a duras penas que nossa natureza humana – da qual não podemos escapar – nos permite domar a profunda irracionalidade que domina tantos de nossos atos, especialmente em situações de perigo e ameaça.

Frente ao desconhecimento com a situação nova, é necessário coibir a negação da realidade, as soluções onipotentes e mágicas derivadas de visões ideológicas delirantes, a ação dos delinquentes que procuram tirar proveito na confusão que então se instala. Precisamos confiar que, no meio do tumulto, persistem aqueles que procuram manter a lucidez e que, agindo de boa-fé, continuam lutando para encontrar as soluções possíveis. Tem sido assim na sofrida história da humanidade.

17. Resenha de *O discurso da estupidez*, de Mauro Mendes Dias[1]

A leitura de livros lacanianos é tarefa reconhecidamente difícil para os não pertencentes a essa vertente teórica da psicanálise, como eu. Resenhar um desses livros, um desafio maior ainda que quase me fez desistir da empreitada. O que me impediu de fazê-lo foi a convicção de que nós, psicanalistas, devemos lutar contra a divisão de nosso campo em redutos teóricos incomunicáveis e em permanente disputa pela primazia, que tanto nos enfraquece. É necessário reconhecer as diferenças entre as várias escolas, conhecer as contribuições que cada uma oferece e com elas enriquecer o cabedal de nosso conhecimento, sem transformá-las em crenças a serem seguidas com ardor religioso.

Mauro Mendes Dias, criador do Instituto Vox de Pesquisa em Psicanálise, apresenta seu livro *O discurso da estupidez* (Iluminuras, 2020) como fruto dos trabalhos que desenvolve em torno da formulação teórica lacaniana da "voz", que o levaram a formular os conceitos de "vociferação" e "estupidez".

---

1 Publicado no suplemento "EU & Fim de Semana" do jornal *Valor Econômico*, 24 jul. 2020.

Freud descreveu três objetos pulsionais, ligados às pulsões oral, anal e fálica. A eles Lacan acrescentou dois outros: o olhar (pulsão escópica) e a voz (pulsão invocante). Segundo Jacques-Alain Miller, a voz é a terceira instância entre a função do discurso e o campo da linguagem. É, pois, sobre ela que nosso autor se debruça, propondo nuances e discriminações.

Dias relata as dificuldades inerentes ao processo de assunção da própria voz e abandono da submissão à voz do Outro ("ponto surdo", equivalente ao "ponto cego" freudiano), dificuldades que podem gerar distorções, como aquela de expressão especialmente agressiva e destrutiva à qual chamou de "vociferação". As vociferações podem se articular como um discurso, o da "estupidez", o que por sua vez configura os urros e zurros da "fera humana". Partindo do acervo teórico lacaniano, Dias apela para a literatura, que fornece imagens da bestialidade que nos é intrínseca nas figuras dos rinocerontes de Ionesco, das baratas de Kafka e McEwan (ao contrário de Gregor Samsa, que morre em estado de abandono, a barata de McEwan chega ao poder, aclamada por todos), das sereias da *Odisseia*, e em Musil.

Na delimitação de seu objeto de estudo, muitas vezes pareceu-me que o autor procurava com essas formulações dar novas roupagens a manifestações da destrutividade própria da pulsão de morte, especialmente quando caracteriza a estupidez apoiando-se em Cipola – "estupidez como sinônimo de uma posição em que os sujeitos 'causam dano a uma outra pessoa, ou grupo de pessoas, sem obter benefícios para si mesmos'" (p. 41) – ou nos termos de Musil – "algo é realmente estúpido ou ordinário, não só uma interrupção da inteligência, mas também a tendência cega à destruição ou à fuga desprovida de sentido" (p. 41). É bem sabido que as pulsões destrutivas derivadas de Tânatos não visam necessariamente obter um ganho objetivo pragmático, e sim o prazer, o gozo que decorre da própria destruição. Lembremos a reveladora afirmação de Cioran, que dizia em *The trouble with being born*:[2] "A aniquilação lisonjeia alguma coisa obscura, algo de primitivo em nós. Não é ao criar e sim ao pulverizar que podemos vislumbrar as secretas satisfações de um deus. Daí a atração da destruição e as ilusões que ela provoca entre os perturbados de qualquer era". Ampliando seu enfoque, Dias discorre sobre a dimensão política da estupidez, focando especialmente o fascismo.

Na segunda parte do livro, Mauro Dias procura aproximar seu "discurso da estupidez" dos cinco discursos de Lacan (universitário, histérica, mestre, do analista e do capitalista). Esta é uma tarefa árdua e que configura a parte mais inóspita do livro para o leitor não especializado. Levando em conta que na teoria lacaniana os discursos dispõem de formas de organizar os laços sociais, o autor sugere que o discurso da estupidez seria uma nova versão do discurso do capitalista na era da internet e é o que rege nossas relações político-sociais atualmente.

Espero não me ter extraviado na travessia dos trechos mais emaranhados do livro, permanecendo assim próximo ao pensamento do autor. De certa forma, essa resenha é também um registro do que um psicanalista não lacaniano pôde depreender de um texto que muitas vezes lhe pareceu obscuro, mas que se empenhou em compreender e fazer justiça ao trabalho do autor.

Uma última observação sobre a dificuldade de compreensão dos textos lacanianos. Na apresentação de seu livro, Mendes Dias escreve:

> *Alguns leitores considerarão a leitura difícil; outros, que algumas ideias mereceriam maior clareza, ainda que passíveis de entendimento. Outros ainda, certamente, pensarão que um livro que aborda os temas a que se propõe deveria explicar melhor as ideias. Sem dúvida, cada um tem suas razões, suas leituras. (p.16)*

2 Cioran, E. M. *The Trouble With Being Born*, 2019.

Mas ele mesmo está satisfeito com o que produziu e diz: "em nenhum momento me senti com necessidade de explicar e fundamentar melhor do que fiz" (p. 16).

Vê-se então que não é propriamente uma autocrítica, pois o autor não lamenta as dificuldades impostas ao leitor e parece não se preocupar com o acordo tácito entre aquele que escreve e o que lê, no qual o primeiro se esforça para se fazer entendido pelo segundo, que retribui a gentileza com a leitura atenta e cuidadosa.

18. Sobre dois ensaios de Peter Handke[1]

A outorga do Nobel de Literatura de 2019 ao austríaco Peter Handke suscitou polêmicas dado seu apoio a Milosevic Slobodan, o presidente sérvio acusado de genocídio na Bósnia, na Croácia e no Kosovo. A obra de Handke inclui roteiros de cinema, peças de teatro, romances e especialmente ensaios, dos quais temos agora dois publicados pela editora Estação Liberdade – *Ensaio sobre o cansaço* e *Ensaio sobre o dia exitoso*.

Em *Ensaio sobre o cansaço*, Handke descreve esse estado físico e/ou mental que, de tão corriqueiro, em geral pouca ou nenhuma especulação suscita. Enumera ele vários tipos de cansaço, como os de "dar medo", os "malignos", os "benignos" e os "belíssimos". Esses últimos são quase uma exclusividade de trabalhadores que exercem tarefas fisicamente extenuantes, cuja dura faina os esgota, deixando a mente ocupada por inteiro com a consciência do corpo exausto, sem espaço para qualquer outra percepção, pensamento, preocupação, fantasia ou desejo. É um estado de quase plenitude e quietude, é um cansaço que, paradoxalmente, já é em si um descanso. Daí o autor falar do "povo do cansaço", do qual se sente próximo e em comunhão, ao contrário

1 Publicado no suplemento "EU & Fim de Semana" do jornal *Valor Econômico*, 18 dez. 2020.

do que sente em relação aos "incansáveis", os que não se cansam, os dirigentes, os burocratas, os tecnocratas, os financistas.

Em *Ensaio sobre o dia exitoso*, a dimensão do ofício literário e a importância da linguagem são dominantes, a começar pela recorrente discussão sobre o adjetivo mais apropriado ao tema que pretende explorar – o dia seria "exitoso", "ditoso", "não completamente desditoso", "proveitoso", "despreocupado"? Há ainda uma grande quantidade de palavras entre aspas, mostrando a pouca confiança que lhes dedica o autor, por ter consciência da ambiguidade que lhes é inerente e das ressonâncias semânticas e fonéticas que desencadeiam no seu universo linguístico, podendo trair o sentido que ele lhes atribuiu ao escolhê-las em sua escrita, o que – em maior ou menor intensidade – é a preocupação de todo e qualquer escritor. Imagino os apuros enfrentados pela tradutora ao deparar com tamanhos desafios.

A dificuldade em encontrar a palavra certa para designar esse específico tipo de dia (na tradução inglesa, "a successful day", um dia "bem-sucedido") talvez reflita um problema maior – como colocar em palavras a vida, como nelas enclausurar o tempo (o dia) que escapa sem cessar?

Handke não aborda essa questão em termos abrangentes ou grandiloquentes, mas por meio de uma miríade de imagens mnêmicas que registram a completa fragmentação do mundo percebido. A cola que vai unir esses cacos da memória é a própria vida, a procura de algum sentido e, com ele, a obtenção de um pouco de paz, do "cansaço" examinado anteriormente.

Talvez o "dia exitoso" seja aquele no qual prevalece a complacência consigo mesmo e com o próprio dia, sem exigir dele coisas extraordinárias, como epifanias que nos revelem grandes verdades; tal tolerância nos permitiria usufruir prazerosa e despretensiosamente de suas humildes oferendas cotidianas e nelas redescobrir a beleza e o valor da vida. *Carpe diem*.

Os dois ensaios são organizados como um diálogo entre o narrador e um interlocutor que o provoca, estimulando o desenvolvimento da conversa, especialmente sobre o escrever. Para Handke, o ensaio é uma forma específica de narrar que dispensa os recursos convencionais usados pela ficção – a criação de um enredo, personagens e ação. O ensaio se atém ao tema proposto, ao registro e à descrição de imagens; consequentemente, não é necessário temperá-lo com sentimentos e angústias, *páthos* e empatia – elementos imprescindíveis na ficção. A atenção concentrada no tema, própria do ensaio, possibilita a descoberta inesperada da dimensão épica existente nas pequenas coisas, no dia a dia, no trivial, no rotineiro.

Handke como que insinua que o ensaio é a produção literária por excelência, na medida em que dispensa as muletas usadas pela ficção para sustentar o texto, o que permite o puro fluir da transmutação de ideias em palavras escritas. É como se o ensaio estivesse próximo das equações matemáticas. Nestas o pensamento desenvolve a argumentação lógica e suas demonstrações por meio de símbolos próprios, naquele o pensamento monta a argumentação usando as opulentas vestimentas da linguagem. Ou seja, apesar de narrar no ensaio algo que o toca de perto, Handke prefere não o diluir numa trama fictícia, e sim dissecá-lo diretamente na linguagem.

Em ambos os ensaios, Handke enfatiza a metamorfose da vida em literatura. Por exemplo, termina por dizer que, na verdade, não existe o "dia exitoso". Ele é uma espécie de sonho que inventou. Ou melhor, o "dia exitoso" é o texto que escreveu, o ensaio que acabamos de ler. É fruto de um árduo trabalho, como testemunham "a borracha enegrecida e diminuída de tanto apagar erros" e as "aparas dos lápis". Um trabalho imprescindível, um dos pilares da literatura, esse de metamorfosear uma "ideia de vida" em "ideia de escrita".

19. Resenha de *Uma biografia da depressão*, de Christian Dunker[1]

Christian Dunker – conhecido psicanalista, professor titular do Instituto de Psicologia da Universidade de São Paulo (USP) e presença recorrente na mídia – organiza *Uma biografia da depressão* (Paidós, 2021) de forma criativa. Como diz o título, a depressão é um personagem cuja biografia vai ser contada em episódios sugestivos que atiçam a curiosidade do leitor.

Dunker inicia a biografia com os nobres "antecedentes familiares" da depressão: a melancolia e a tristeza (acídia), descritas por Aristóteles e por monges medievais, bem como por escritores como Richard Burton (*A anatomia da melancolia*, de 1621).

O "nascimento" da depressão se dá em 1785, quando William Cullen retira a melancolia de suas origens ilustres e a inscreve no domínio da medicina, transformando-a numa das "doenças dos nervos". O aparecimento da "depressão" coincide com a instalação do romantismo nas artes, o que dá a Dunker a oportunidade de estabelecer aproximações

1 Publicado no suplemento "EU & Fim de Semana" do jornal *Valor Econômico*, 26 mar. 2021.

entre o transtorno e vários artistas, como Turner, Edvard Munch, Edward Hopper, Lewis Carroll, Samuel Beckett e Van Gogh.

Sua "infância infeliz" se caracteriza pelo período em que não tinha uma existência própria e era apenas um coadjuvante dos grandes quadros de sofrimento mental. Dentro do referencial freudiano de "Inibição, sintoma e angústia", ela continuou sendo a "irmã do meio" entre os "sintomas verdadeiros e a caçula malcriada chamada Angústia" (p. 38). Apesar de ter recebido grande prestígio na obra de Melanie Klein, apenas a partir dos anos 1950 ela passou a receber atenção e cuidados específicos.

É quando ocorre o "rapto da depressão pela nova psiquiatria". Os aportes crescentes e complexos da psicanálise ao acervo da depressão foram obscurecidos por outras narrativas criadas pelas mudanças nas relações sociais concernentes ao trabalho e à organização econômica (guerras, crises financeiras etc.). Concomitantemente, surgiram os novos antidepressivos, dando relevo máximo à depressão no interior da clínica psiquiátrica, quando ela passa a ser considerada a expressão mais frequente de transtorno psíquico individual e social. Entretanto, as promessas das neurociências e as explicações sobre os neurotransmissores progressivamente perderam força, gerando grande frustração.

Assiste-se assim à "ascensão e [à] queda da rainha depressiva". O conflito interno – central para a psicanálise – perde a importância, transferida para os conflitos com a realidade externa. Supostamente a depressão viria de fora, de problemas neuroendócrinos cerebrais ou de pressões econômicas ou socioculturais, isentando o sujeito de qualquer participação pessoal em sua condição depressiva. As terapias cognitivas comportamentais passam a ensinar técnicas para controlar o pensamento. Se, no século XIX, a moralidade pública e econômica exigia contenção, restrição e poupança, o neoliberalismo ordena consumir, gozar e gastar, determinação que o deprimido não acata, deixando-o isolado socialmente. Aos poucos, a depressão perde sua posição de "rainha" e fica relativamente normalizada, representando a forma mais frequente e socialmente tolerada do sofrimento psíquico, da forma como a neurose antes ocupava esse mesmo lugar. É interessante notar que a potência dos antidepressivos parece decrescer à medida que as patentes caducam e os preços caem, o que evidenciaria a mão da indústria farmacêutica.

Apoiando-se na diferença estabelecida por Walter Benjamin entre vivência (*Erlebnis*) e experiência (*Erfahrung*), Dunker adota um estilo mais ensaístico em "Depressão em tempos de felicidade compulsória", discorrendo de forma crítica e divertida sobre algumas das formas muito familiares de depressões compartilhadas no dia a dia, a começar por aquela desencadeada pela quarentena imposta pela covid. Aborda então a "depressão do fim do ano" (parente da "mania da sexta-feira", da "angústia do domingo" e da "melancolia da segunda") e a "depressão política".

O leitor se beneficiará com a vasta gama de informações sobre aspectos históricos, médicos, psiquiátricos, psicanalíticos e socioculturais da depressão. Dunker também mostra as dificuldades no estabelecimento do diagnóstico das doenças mentais, que mal se adequam ao conceito de doença física em medicina, dado que lhes faltam marcadores biológicos e a aferição dos sintomas depende dos relatos dos pacientes, da observação subjetiva de suas funções psíquicas ou de seus comportamentos objetivos. As tentativas de deixar mais objetivas as descrições diagnósticas em psiquiatria tiveram relativo sucesso, o que não impediu que a última versão (a quinta) do Manual Diagnóstico e Estatístico de Transtornos Mentais (DSM), feito pela Associação Americana de Psiquiatria e usado globalmente, recebesse críticas e censuras pela criação excessiva de novos transtornos, dando um caráter patológico a circunstâncias normais próprias da vida.

20. Resenha de *Speak, silence: in search of W. G. Sebald*, de Carole Angier[1]

Speak, silence: in search of W. G. Sebald (Bloomsbury Circus, 2021), de Carole Angier, é a primeira biografia de W. G. Sebald, escritor alemão radicado na Inglaterra, onde morreu num acidente de carro em 2001, aos 57 anos. Na ocasião estava sendo cogitada sua indicação para o Nobel de Literatura.

Seus quatro livros – *The Emigrants*, *Vertigo*, *The rings of Saturn* e *Austerlitz* – desenvolvem uma ficção ensaística que mistura história, reflexões sobre vida e arte, obras literárias e autores, fotografias, dados científicos, perdas, lutos e traumas, especialmente aqueles decorrentes do extermínio dos judeus pelos nazistas e do bombardeio das cidades alemãs pelos aliados. Em sua obra, Sebald assume um compromisso ético ímpar ao lutar contra o negacionismo, reconhecer a culpa pelos crimes nazistas e, assim, abrir espaço para a impossível reparação desses danos irreparáveis.

Nascido num vilarejo da Baviera em família de parcos recursos, Sebald só veio a conhecer o pai aos 3 anos, no final da guerra. Até

---

1 Publicado no suplemento "EU & Fim de Semana" do jornal *Valor Econômico*, 1º out. 2021.

então, morava com a mãe e a irmã na casa do avô materno, a quem era extraordinariamente apegado. Somente na adolescência, ao ver um documentário no colégio, tomou conhecimento dos campos de extermínio. A relação com o pai, que nunca fora boa, deteriorou definitivamente. Não perdoava seu silêncio sobre a guerra e o acusava como cúmplice dos crimes, uma vez que lutara no exército de Hitler.

Angier trabalhou em condições adversas. A mulher e a filha de Sebald se recusaram a colaborar e não autorizaram o uso de qualquer material escrito por ele. Tais impedimentos foram compensados por um trabalho exaustivo de pesquisa e inúmeras entrevistas com pessoas que tiveram contato com o escritor nos vários estágios de sua vida, na Alemanha, como estudante, e na Inglaterra, onde viveu seus últimos 30 anos e desenvolveu numa carreira acadêmica como professor de literatura alemã.

A biógrafa investiga a fundo pessoas e fatos que deram origem a personagens e situações na obra, o que é justificável dado que vários deles estão calcados firmemente em componentes do círculo familiar e social de Sebald ou em biografias de estranhos, das quais o escritor se apropriou, usando-as como material próprio. Isso lhe trouxe aborrecimentos e críticas, especialmente em dois casos, o do pintor Frank Auerbach, que foi modelo involuntário do personagem Max Ferber (em *Vertigo*), e o de Susi Bechhöfer, que o acusou de roubar sua biografia (em *Austerlitz*).

Contudo, o problema é mais amplo, pois Sebald se apropria não só das biografias de pessoas a seu redor, conhecidas suas ou não, como também do texto de vários escritores, fato que pode passar desapercebido ao leitor comum, mas não a seus colegas especialistas e críticos literários. Sebald nunca usa aspas e, mesmo quando cita de forma explícita algum autor, muitas vezes propositadamente troca seu nome ou mesmo inventa passagens inexistentes de suas obras etc.

Essas práticas apontam um paradoxo. Por um lado, a estrita ética de Sebald no que diz respeito à denúncia e à reparação dos crimes nazistas.

Por outro, a forma descuidada, aparentemente irresponsável com que se apossava de trechos e textos alheios, de suas histórias e biografias, como se isso não tivesse graves implicações éticas.

Essa contradição apontaria uma dissociação entre pressupostos éticos e estéticos. No primeiro caso, vigorariam os parâmetros éticos; no segundo, os estéticos. Eles não se excluem, mas se articulam de forma não linear. Angier, tentando justificar a conduta de Sebald, diz que ela decorre de uma visão "mística" do mundo, que procura evidenciar a secreta ligação que une pessoas e coisas entre si e ao universo e que almeja a fusão das individualidades numa unidade totalizante maior. Além disso, há o uso de uma técnica narrativa pós-moderna que valoriza a intertextualidade, a concepção da criação autoral como resultado de saques, colagens, mixagens, recriações. Assim como saqueou vidas e obras para construir sua obra, Sebald sabe que o mesmo ocorrerá com a sua. Por isso mesmo, aconselhava aos alunos em seus cursos de escrita criativa: roubem sempre o que puderem para construir suas próprias obras. Conselho seguido pela biógrafa, dado que o título de seu livro é uma apropriação (adaptada) do título do livro *Speak, memory* (*Fala, memória*) de Nabokov, obra admirada por Sebald.

Os livros de Sebald entrelaçam os discursos dos personagens e os textos de vários escritores. Narrador, autores citados, personagens fictícios se superpõem e se confundem num jogo de espelhos, coincidências, repetições. A isso se acrescenta o tom melancólico, centrado em perdas, desenraizamentos, catástrofes engendradas pela destrutividade humana. Mas, atenção. Essas características não transformam seus livros em labirintos sombrios e inexpugnáveis a serem evitados pelos leitores. Pelo contrário: o texto de Sebald é envolvente, de grande beleza e tocante profundidade, com laivos de humor, e não poucas vezes provoca forte emoção em quem o lê. Merecidamente é hoje considerado um dos maiores escritores de língua alemã, de grandeza semelhante a Thomas Mann.

21. Identidade, alteridade, ficcionalidade: resenha de *Fernando Pessoa e Freud: diálogos inquietantes*, de Nelson da Silva Junior[1]

Freud sempre deu grande importância à relação entre arte e psicanálise, tema abordado em muitos de seus escritos. *Fernando Pessoa e Freud: diálogos inquietantes* (Blucher, 2019) se insere nessa linha de estudos psicanalíticos. Nele estão compilados 30 anos de reflexões realizadas por seu autor, Nelson da Silva Junior, professor titular do Instituto de Psicologia da Universidade de São Paulo (USP), com doutorado pela Université Denis Diderot – Paris VII, onde teve como orientador o respeitado psicanalista Pierre Fédida.

Quando um livro tem peso e consistência, costuma-se dizer que é uma obra "alentada", ou seja, que tem alento, ânimo, esforço, coragem, valentia. Seguramente Nelson da Silva Junior merece tais elogios, pois adentra um terreno difícil que poucos se dispõem a desbravar – o rastreamento dos fundamentos filosóficos dos conceitos freudianos e a desconstrução de suas bases metafísicas, empreitada da qual se sai muito bem.

O autor escolhe a obra de Fernando Pessoa como via para atingir seus objetivos. Considera-se que a obra de Pessoa é um desafio à

1 Publicado em *Percurso*, (63), dez. 2019, e em versão mais curta no suplemento "EU & Fim de Semana" do jornal *Valor Econômico*, 20 set. 2019.

filosofia, como ocorre em sua defesa do "paganismo" contra as posições "crististas" (de cristianismo). Pessoa se referia à estabelecida oposição entre interioridade ("cristista", implícita aos conceitos de subjetividade, identidade e psiquismo) e exterioridade ("pagã", que valoriza a exterioridade, a espacialidade, o lugar do Outro).

Tal como a fita de Möbius, Pessoa evidencia uma superação da dicotomia interior-exterior, pois seus heterônimos não seriam figuras internas, e sim figuras dramáticas que se localizam "fora", num espaço ocupado habitualmente pelo Outro. Fernando Pessoa enquanto ortônimo teria uma interioridade, enquanto heterônimo estaria "fora de si", "outrificado", transformado no Outro. Assim, os heterônimos não seriam evidência de uma despersonalização patológica, e sim uma mostra de identidade enquanto estrutura aberta para o Outro ("pagã"), ao contrário do modelo de uma identidade fechada, acabada, totalmente constituída ("cristista"). Diz o heterônimo Ricardo Reis:

Inúmeros outros vivem em nós
Se penso ou se sinto, ignoro
Quem pensa ou quem sente.
Sou apenas o lugar
Onde se sente ou se pensa

Um dos pontos mais interessantes dessa discussão, e que se torna um dos argumentos centrais do livro, diz respeito à dicotomia dos discursos filosóficos encetada por Aristóteles em sua disputa com os sofistas, quando estabeleceu o princípio da não contradição, dividindo os discursos em duas categorias. Os discursos que obedecem a tal princípio (os filosóficos e seus derivados, como o cientifico) são os verdadeiros e valorizados, e os que não o obedecem (como a sofística e a literatura) são os falsos e depreciados, objeto de desconfiança. A quebra do lacre aristotélico, que distinguia ficção e realidade e que os sofistas (e todos os praticantes dos discursos "suspeitos") teimavam em ignorar, tem grandes consequências, pois transcende a ordem dos discursos e assume uma conotação ontológica, existencial – o próprio ser fica questionado. Nossas lembranças, nossa identidade, nossa própria existência, seriam elas apenas ficções?

Essa é uma questão central não só para a filosofia, mas também para a psicanálise. O autor pensa que o rigor aristotélico em considerar apenas os discursos filosófico e científico como veiculadores da verdade não reconhece a dimensão de verdade que a ficção também comporta. Ele mostra detalhadamente os processos psíquicos ocorridos durante a constituição do sujeito pelos quais se estabelece a distinção entre o mundo real e o mundo interno, não obstante permanecerem os dois em íntimo intercâmbio. Por isso mesmo, a abertura entre a ficção e a realidade seria inerente à psicanálise, condição que o autor chama de "ficcionalidade". O tardio conceito freudiano de "construção" talvez ilustre a ideia do autor, na medida em que Freud passa a ver a historicidade do sujeito não mais como o resultado de uma rememoração de fatos e dados reais – impossível de ser obtida –, e sim como uma estrutura narrativa produtora de sentido. Assim, na busca de um passado sempre evanescente, se estabelece a aproximação entre psicanálise e ficção.

Freud via a psicanálise como científica e não queria que a confundissem com a literatura, apesar de reconhecer as afinidades entre esses campos. Causava-lhe incômodo a semelhança de seus casos clínicos com a ficção, bem como os ataques dos inimigos, que diziam ser a psicanálise um "conto de fadas científico" (Krafft-Ebing). É compreensível a ambivalência de Freud, pois se na consciência regem o princípio da realidade e sua lógica racional, no inconsciente vige o princípio do prazer, que não obedece ao princípio da não contradição e segue pressupostos semelhantes aos da sofística e da ficção. Nelson da Silva Junior considera o texto de Freud "O inquietante" como uma expressão sintomática do impasse do mestre vienense frente a ficção e a arte.

O livro se divide em quatro partes e nove capítulos que podem ser lidos na ordem escolhida pelo leitor.

A primeira parte trata de questões próprias ao sujeito, relacionadas a identidade, espacialidade, temporalidade e alteridade. O autor mostra como a discussão entre Platão e Aristóteles sobre a catarse enquanto reguladora das paixões na pólis reflete-se nos três modelos de aparelho psíquico pensado por Freud. Nos dois primeiros predomina uma estrutura identitária fechada, usada tanto na teoria traumática da histeria quanto na teoria subsequente, a das fantasias originárias e das pulsões. No primeiro caso, procurava-se recuperar uma identidade perdida, no segundo, procurava-se manter a identidade em homeostase. Com a introdução da pulsão de morte, a identidade deixa de ser o elemento organizador de tais modelos psíquicos. Entenda-se que o autor não propõe que haja uma impossibilidade de o sujeito estruturar uma identidade, apenas afirma que ela não é o único paradigma para se pensar o sujeito. A desconstrução da identidade fechada culmina em Freud com *Moisés e o monoteísmo*, quando fica claro que o monoteísmo, tido como uma especificidade do judaísmo, na verdade seria uma criação egípcia incorporada pelos judeus.

Nelson da Silva Junior pensa que se antes havia um Freud platônico ou aristotélico, com a pulsão de morte aparece uma faceta sua mais próxima de Fernando Pessoa. Com a pulsão de morte, fica postulada a *necessidade* da agressividade entre os homens, pois é essa a forma de derivar a destrutividade para fora, para o exterior, evitando que ela incida sobre o próprio sujeito. Segundo o autor, essa condição é fundamental para a criação da noção de espaço e do Outro por parte do sujeito. Disso decorrem importantes implicações, como a questão da primazia do exterior sobre o interior. A divisão dentro/fora surge apenas quando a pulsão de morte é dirigida para o exterior, criando-se então a espacialidade. Caso haja impedimento dessa manobra, haveria a possibilidade da não formação do espaço como representação para o sujeito, situação que é ilustrada pelo autor com a obra do artista plástico Odilon Moraes, como logo veremos.

Essas são especulações metapsicológicas sobre as consequências teóricas e clínicas da pulsão de morte, além da instalação de um certo pessimismo terapêutico em Freud, que passa a priorizar o pulsional constitucional em detrimento do traumático na causação da patologia. Na transferência, o analista deve estar preparado para ser esse Outro sobre quem a pulsão de morte necessariamente tem de defletir; ele não deve se deixar matar, mas mostrar-se como suscetível de morrer, vulnerável ao ódio do paciente, diz o autor. A troca do objeto meta da pulsão – eu ou o Outro – seria decisivo para que se instale o simbolismo. O fato de o analista se mostrar como *possível* objeto de amor ou ódio ser mais eficaz que sua *efetiva* atualização como objeto desses afetos seria, diz o autor, evidência da ficcionalidade na psicanálise.

A segunda parte do livro examina a identidade que se organiza em função do outro. Essa alteridade pode tomar diversas configurações, descritas nas hipóteses teóricas de Winnicott ("mãe suficientemente boa"), Lacan ("mãe histericamente insaciável") e Fédida ("mãe morta"), cada uma delas produzindo efeitos específicos no sujeito. Essa última ("mãe morta") se oferece como uma alteridade negativa, uma ausência, um "ninguém", que em Pessoa teria dado origem a seus heterônimos. Silva Junior, que examina tais configurações na transferência, diz: "o 'outrar-se' seria então um terceiro modo de alteridade, alteridade interior que não exige a presença material de um Outro para que seja eficaz no psiquismo" (p. 128).

Enquanto Fernando Pessoa se desfaz da identidade num ambiente cultural bem estruturado, o sujeito pós-moderno, com suas tatuagens e seus *piercings*, tenta organizar uma identidade literal no corpo, num campo social que transitou da morte de Deus para a morte do sujeito, das certezas garantidas pelo divino para a negatividade, a perda do sentido, o nada constitutivo do ser humano. Em outro capítulo, o autor destrincha o equívoco de Thomas Mann ocorrido nas comemorações dos 80 anos do pai da psicanálise, quando coloca Freud como legítimo representante do romantismo alemão. O autor faz uma longa e erudita incursão nos pressupostos estético-filosóficos (Kant e Schelling) que sustentaram o romantismo, mostrando o quanto esses se distanciam dos parâmetros freudianos.

Na terceira parte da obra, temos um estudo sobre a perspectiva na pintura e sobre a interpretação e os modelos hermenêuticos. Silva Junior nos mostra como a perspectiva – e especialmente a anamorfose, que é sua configuração mais radical – obriga o espectador a se submeter ao desejo do pintor, que designa o lugar a ser ocupado por aquele que olha a obra, o que é análogo à postulação lacaniana da alienação estrutural no desejo do outro. O sujeito perde a liberdade de ver a obra a partir do ângulo de sua escolha, como faria ao observar uma escultura ou entrar num espaço arquitetônico.

Essa liberdade autolocalizatória que existiria antes da perspectiva é chamada pelo autor de "pré-perspectiva" e ele a estuda na obra do já referido pintor Odilon Moraes, que questiona não apenas a perspectiva, mas o próprio espaço. Dessa forma, o pintor procura mostrar não os inconciliáveis do ser humano, e sim sua inumanidade, um "não existir, mas ser". Vê-se que o que está em jogo são as questões ligadas à identidade e sua dissolução na despersonalização, na inexistência.

Em outro capítulo, o tema retorna a partir da pergunta "who's there", primeira fala de *Hamlet*. Aí são também examinadas as relações entre hermenêutica, tradução e interpretação psicanalítica. Para tanto, o autor recorre a obras de Nietzsche, Santo Agostinho, Schleiermacher, Ricoeur e Heidegger.

A quarta parte do livro aborda mais diretamente a já mencionada questão da ficcionalidade em psicanálise. A obra de Fernando Pessoa, na qual as fronteiras entre ficção e realidade, existência e inexistência são tão presentes, facilita a compreensão de aspectos da teoria freudiana, especialmente aqueles ligados à pulsão de morte, à dissolução da identidade, à negatividade, à inexistência. Diz o autor:

> *Diferentemente de toda a literatura que se apresenta como ilusória, em oposição à verdade do cotidiano e da ciência, Fernando Pessoa coloca em questão a própria oposição como tal entre ficção e realidade. Nesse sentido, ele realiza uma obra que não é apenas de ficção – ficção no sentido de criações da fantasia toleradas pela cultura da realidade –, e sim de ficcionalidade, a partir da impossibilidade de separação definitiva entre ficção e realidade. (p. 323)*

Assim, Fernando Pessoa recupera uma herança sofística rejeitada pelos bem pensantes e sua obra permite reconhecer a presença inquietante dessa herança no pensamento freudiano.

Com *Fernando Pessoa e Freud: diálogos inquietantes*, Nelson da Silva Junior empreende um abrangente périplo através da cultura, realizando uma densa elaboração teórica da metapsicologia psicanalítica, abordada de forma profunda e inteligente.

22. Sobre o "jogo do copo" ou "mesa Ouija"[1]

Não conheço quem não tenha ficado impressionado com o "jogo do copo", aquela brincadeira em que se colocam as letras do alfabeto em semicírculo e um copo emborcado no centro, sobre o qual os participantes colocam o dedo indicador e, sem que ninguém o pressione, o copo misteriosamente começa a se movimentar, encaminhando-se para as letras e formando palavras, configurando supostas mensagens do além.

O que chamamos de "jogo do copo" é chamado de "Ouija board" nos países anglófonos.

O tablado ou mesa Ouija é um produto comercial muito bem-sucedido inventado nos Estados Unidos, quando ali chegou a onda de espiritismo que varreu a Europa em meados do século XIX. O produto consistia numa tábua de madeira com as letras colocadas em semicírculo, as palavras "sim" e "não", impressas juntamente com os números de 1 a 10, e, em vez do copo existente em nossa versão dos trópicos, uma palheta que deslizava pela tábua.

Concebido o produto, restava dar-lhe um nome para sua comercialização. Consta que a irmã de um dos sócios do empreendimento, que se

---

1 Publicado em *Psychiatry On-line Brazil*, 2 set. 2019.

dizia médium, perguntou à própria mesa (!) como ela deveria ser chamada e o "além" respondeu com esse nome "Ouija", explicando que significava "boa sorte" numa língua desconhecida. Os mais céticos afirmavam que a suposta médium tinha em sua casa um porta-retrato com a foto de Ouida, pseudônimo de uma escritora inglesa então muito popular, o que poderia ter facilitado o trabalho dos espíritos na escolha do nome.

Durante mais de 100 anos, a mesa Ouija despertou variados níveis de credulidade. Havia os que a usavam apenas como um instigante jogo de salão e os que a viam como um efetivo meio de comunicação com os mortos – o que suscitava forte oposição dos médiuns estabelecidos, que se revoltavam com a usurpação de uma função da qual até então tinham o monopólio.

É claro que o espiritismo – sistematizado naquele momento por Allan Kardec – entrou em choque com as religiões oficiais, que não queriam perder seu papel de único mediador entre o criador e suas criaturas, muito menos permitir o fácil contato das almas com os viventes. As doutrinas religiosas afirmavam que às almas só cabiam três possibilidades – 1) ficar em beatífico gozo com a presença divina, sem que nada mais lhes interessasse; 2) ficar aprisionadas nos caldeirões do inferno; e 3) permanecer nas infindáveis e aborrecidas filas burocráticas do purgatório, esperando cumprir a pena para subir aos céus. Não teriam, pois, tempo, disposição ou permissão superior para vir conversar com os familiares vivos, muito menos para realizar incontáveis reencarnações nesse vale de lágrimas.

Assim como as religiões atendem a uma angústia maior relacionada à morte do próprio sujeito, o espiritismo atende mais às vicissitudes do luto. Grande parte dos crentes no espiritismo são pessoas que perderam um ente querido e querem prolongar por algum tempo o contato com ele, acertar contas, pedir desculpas pelas eventuais brigas, perdoar e ser perdoado. Na sessão espírita há uma mediação para que o morto descanse em paz e sem desejos vingativos, deixando o familiar vivo tranquilo, podendo dormir o sono dos justos.

A própria e a morte dos entes queridos são fatos incontornáveis que sempre farão parte de nossas vidas, e por isso mesmo as religiões e o espiritismo têm vida longa garantida, assim como o "jogo do copo".

Em função do filme *O Exorcista*, nos anos 1980 houve uma sensível mudança na cultura quanto à aceitação do "jogo do copo". Ele deixou de ser visto como um reconfortante meio de comunicação com os mortos queridos ou uma inofensiva brincadeira e passou a ser considerado uma atividade reprovável e temerária que poderia convocar os poderes do mal e suas forças negativas, o que fez despencar sua popularidade, prejudicando sua dimensão comercial. Curiosamente esse foi o mesmo argumento usado pela igreja católica no auge da moda do espiritismo, com suas mesas dançantes, suas sessões, seus ectoplasmas e contatos com o além. A igreja afirmou que tudo aquilo era obra do diabo e condenou sumariamente tais práticas malignas.

Mais recentemente ainda, houve uma outra reviravolta no uso do "jogo do copo" ligada ao fato de permanecer inexplicado o movimento do copo e das mesas. Excluída a ideia de que eram os espíritos que as movimentavam, atribuiu-se o fenômeno a um "efeito ideomotor", decorrente de impulsos inconscientes dos que participavam das sessões espíritas. Assim, pesquisadores do Visual Cognition Lab da University of British Columbia[2] propõem que o "jogo do copo" poderia vir a ser usado para mostrar não a existência do além, mas a existência do inconsciente.

Tal afirmação em nada surpreende o psicanalista. O que o surpreende e o faz lamentar é que em nenhum momento sejam citados Freud e a psicanálise, descobridores e desbravadores dessa dimensão do psiquismo.

---

2 https://www.smithsonianmag.com/history/the-strange-and-mysterious-history-of-the-ouija-board-5860627/.

23. Resenha de *No jardim do ogro*, de Leïla Slimani[1]

Obcecada por sexo, Adèle, a protagonista de *No jardim do ogro* (Tusquets, 2019), não consegue exercer seu papel de mulher de um médico de classe média alta e mãe de um filho pequeno, muito menos realizar seu trabalho como jornalista. Todo o seu tempo e a sua energia são tragados pela ninfomania que a domina e consome.

Ela despreza os valores "burgueses" do seu entorno social. Coloca-se de maneira superior frente às esposas dos amigos do marido, que falam de reformas de casa e empregadas árabes que cumprem o jejum do Ramadã. Ignora o entusiasmo dos colegas com importantes acontecimentos políticos no Marrocos, que poderia estar cobrindo caso se empenhasse para tanto.

Embora aborde a sexualidade de Adèle de forma crua e direta, a autora deixa que uma torrente de clichês se infiltre na caracterização de sua personagem principal, que também padece de rala densidade psicológica. Pouco se sabe do que a teria levado a tal condição. Lá pelas tantas somos informados de que ela vem de uma família humilde, seu

1 Publicado no suplemento "EU & Fim de Semana" do jornal *Valor Econômico*, 28 jun. 2019.

pai é um imigrante marroquino, sua mãe é vulgar e grosseira. Explicaria isso sua atitude arrogante e impostada, a forma ressentida e raivosa como encara o mundo?

O livro retrata de forma superficial duas graves patologias, a ninfomania de Adèle e o masoquismo do marido, que deseja curá-la com o amor que lhe devota. Ele a vê como doente, opinião com a qual a autora não parece concordar muito, dado que a conduta de Adèle é apresentada mais como insolente desafio às convenções sociais do que manifestação de sofrimento psíquico com sérias implicações autodestrutivas.

No jardim do ogro é um produto bem-acabado da indústria cultural, com seus capítulos curtos e bem montados, feitos para serem lidos com facilidade e prontamente esquecidos. É um bom passatempo, algo como os seriados da Netflix, que fazem o espectador ficar mesmerizado durante horas frente à televisão, consumindo compulsivamente um episódio atrás do outro (o chamado *binge watching*) para, no final, perceber que nada ficou daquilo, tudo se desvaneceu, restou apenas a sensação de tempo perdido. Não há o persistente remoer que a obra de arte provoca naquele que dela se aproxima.

A impressão de vacuidade e gratuidade do livro se modifica ao sabermos que a autora é uma mulher proveniente da cultura islâmica – reduto inabalado do patriarcado e do machismo. Que ela fale abertamente do desejo feminino e descreva de forma desabrida a atividade sexual intensa e sem peias de uma mulher confere ao livro uma faceta política, é uma afirmação feminista. O título do livro já revela tais implicações. O ogro é uma figura que representa a violência e a estupidez masculinas. Que ela exista nos contos de fada europeus mostra que o abuso de poder dos homens não é privilégio dos países muçulmanos, mas um traço universal. E é curioso como Leïla Slimani trata esse fato. Se por um lado o comportamento de Adèle é uma estridente recusa em assumir o papel de "boneca no jardim do ogro", em determinado momento afirma justamente o oposto, ao mostrar querer ocupar tal lugar.

Esse novo e necessário enfoque não contradiz necessariamente a impressão inicial causada pelo livro. Antes nos atínhamos a um enfoque puramente literário, agora a ele acrescentamos fatores extraliterários, políticos e culturais, fazendo mover o prato da balança.

Se o livro de Leïla Slimani ganha fôlego com o politicamente correto, isso altera a dimensão propriamente literária dele? E o que seria o "propriamente literário" num texto dito de literatura? O "propriamente literário" excluiria a dimensão político-social? Seja qual for a resposta para essas questões complicadas e inesgotáveis, ela implica a maneira específica como a literatura usa a linguagem. Afastando-se da manifestação utilitária própria da informação e da comunicação, a literatura capitaliza e magnifica a ambiguidade simbólica da linguagem, que diz e desdiz todas as coisas de mil formas diferentes, o que permite a criação de sentidos múltiplos e superpostos, compactados em enunciações que podem muitas vezes expressar verdades universais que atingem o âmago afetivo daquele que as lê.

Além do mais, a literatura envolve o uso adequado de tropos, ritmos e formas narrativas. Com isso retornamos a Leïla Slimani, que, apesar das dificuldades já mencionadas, demonstra habilidade na armação do arcabouço de seu romance, fazendo eficientes deslizamentos narrativos, movendo com habilidade seus personagens no tempo e no espaço, motivo da facilidade com que a lemos.

Tal como sua personagem Adèle, a escritora Leïla Slimani é uma franco-marroquina de 39 anos e esteve recentemente na Festa Literária Internacional de Paraty (Flip). Esse seu primeiro livro foi indicado para o Prêmio de Flore 2014 e venceu o Prêmio La Mamounia (famoso hotel de luxo de Rabat) em 2015. Seu segundo livro – *Canção de ninar* – ganhou o prestigiado Prêmio Goncourt 2016. Ambos foram publicados no Brasil pela Tusquets, com o apoio do governo francês. Os muitos prêmios recebidos decorrem do valor literário ou da força do politicamente correto? Aí já entramos numa outra história, a dos prêmios literários.

24. Revolução estética e inconsciente: resenha de *O inconsciente estético*, de Jacques Rancière[1]

Por que o Édipo de autores do período clássico francês como Corneille e Voltaire era tão diferente do Édipo de Sófocles? Essa é uma das perguntas que Jacques Rancière vai responder em seu livro *O inconsciente estético* (Editora 34, 2009). Nele, Rancière propõe a ideia de que há um *inconsciente estético* estabelecido nas artes, que antecede e possibilita o advento do inconsciente freudiano.

Esse *inconsciente estético* é fruto de uma revolução conceitual que possibilitou ao domínio das artes sair do reino da *poética* e ingressar no reino da *estética*. Isso significa que o conjunto de pressupostos sobre a atividade criadora do artista, ordenado por Aristóteles em sua obra *Poética* e que esteve em vigor até o final da Era Clássica (século XVIII), foi repensado por Baumgarten em 1750, em seu livro *Estética*. Ali Baumgarten propõe uma nova forma de entender a arte, sustentando que há um conhecimento próprio às imagens da arte, diferente do conhecimento cognitivo, racional, lógico.

Lembremos que a palavra *estética* se refere à sensibilidade, ao campo do sensorial e do perceptivo, distinto do âmbito do conhecimento

1 Publicado em *Percurso*, (61), dez. 2018.

lógico, racional. Baumgarten estabelece a existência de um conhecimento sensível, "claro mas ainda confuso", que se opõe ao conhecimento "claro e distinto" da lógica (p. 12). Assim retoma Ésquilo e Sófocles com seu *pathei mathos*, o conhecimento que advém do sofrimento, o conhecimento que decorre de *páthos*, e não do raciocínio, da razão, de *logos*.

Na trilha aberta por Baumgarten seguem outros pensadores. Schelling diz que a arte é a "odisseia de um espírito fora de si mesmo". Hegel, por sua vez, afirma que o espírito procura "tornar-se manifesto para si mesmo através da matéria, que lhe é oposta". O movimento do espírito em luta com a matéria, buscando a representação e a bela aparência, pode se reverter, abandonando o "mundo claro da representação e voltando para o mundo obscuro subterrâneo e desprovido de sentido, o mundo da 'coisa em si', o mundo do querer viver nu, insensato", como diz Schopenhauer. Essa polaridade é colocada por Nietzsche em termos da dualidade formada pela dimensão apolínea da bela aparência e de seu oposto, a desordem dionisíaca (pp. 31-32).

Para ilustrar a diferença entre a poética aristotélica e a estética de Baumgarten, Rancière usa como exemplo o Édipo tal como criado por Sófocles e as modificações nele introduzidas na Era Clássica por Corneille e Voltaire. Rancière salienta que o que perturbava esses autores não era o conteúdo da peça – o incesto de Édipo e Jocasta, como se poderia supor a partir da interpretação de Freud –, e sim a própria estrutura da tragédia, que não estava em conformidade com os padrões aristotélicos, o que – diz Rancière – o próprio Aristóteles já percebera. Para "corrigi-la", Corneille e Voltaire desfiguram o enredo de Sófocles, introduzindo mudanças significativas na narrativa, acrescentando cenas e eliminando outras consideradas de mau gosto, como a perfuração dos olhos de Édipo, além de introduzirem novos personagens.

Segundo Rancière, Freud recupera o Édipo de Sófocles, o que só lhe foi possível por contar com a ajuda de autores advindos da revolução estética, como Nietzsche, Schopenhauer e Hölderlin.

A revolução estética revoga o conjunto ordenado de relações entre o visível e o dizível, o saber e a ação, a atividade e a passividade, próprias da poética, bem como a ideia do pensamento como "ação sobre a matéria passiva" (p. 25). O saber deixa de estar vinculado a uma ação, a um decidir fazer algo, a tomar determinada atitude, e passa a ser em si um "crime contra a natureza" (p. 26), ficando estabelecida uma equivalência entre saber e sofrimento.

Diz Rancière: "Édipo, para começar, é testemunha de uma certa selvageria existencial do pensamento, na qual o saber se define não como o ato subjetivo de apreensão de uma idealidade objetiva, mas como um determinado afeto, uma paixão, ou mesmo uma enfermidade do vivente" (p. 26). Ou seja, é proposto um outro tipo de pensamento, voltado para a compreensão dos movimentos internos do sentir, do viver, da subjetividade. Tal pensamento não leva à ação, e sim à introspecção, e equipara saber e sofrimento – o já mencionado *pathei mathos* de Ésquilo ou Sófocles.

Daí a importância da trilogia dos "doentes do saber" tão caros a Freud – Édipo, Hamlet e Fausto. O saber que tanto buscavam esses personagens não os leva primordialmente a nenhuma grande ação heroica no mundo externo, mas provoca uma introspecção, um voltar-se para dentro, a meditação. O pensamento vira uma "questão de doença e a doença uma questão de pensamento" (p. 26), diz Rancière.

Segundo o autor, a psicanálise nasce no cerne da revolução estética, cujos heróis são Schopenhauer e o jovem Nietzsche e que deu vez a uma literatura específica, escrita por Zola, Maupassant, Ibsen ou Strindberg, escritores "que mergulham no puro sem-sentido da vida bruta ou no encontro com as forças das trevas" (p. 33).

Ao possibilitar uma nova ideia sobre o pensamento, a revolução estética também leva a uma nova ideia sobre a palavra escrita. As discussões sobre as peculiaridades da palavra falada e da palavra escrita ocuparam Platão, para quem a escrita é um estatuto menor da palavra, é o *logos* mudo, depreciado por ser incapaz de se conter e escolher a quem se dirigir, é uma palavra simultaneamente "muda e tagarela" (p. 34). Opõe-se à prestigiada palavra falada, instrumento vivo do mestre que sabe o que fala e a quem, à palavra do orador que conduz a multidão, à palavra do herói trágico que não se esquiva do que o destino lhe reserva.

A revolução estética dá uma nova valorização à palavra escrita (*logos* mudo) e a vê de duas maneiras. Em primeiro lugar, observa que as coisas mudas carregam nelas mesmas uma palavra inscrita. É a constatação de que "tudo fala" (p. 35), na afirmação de Novalis, concepção posteriormente retomada por Freud, sempre em busca de sentidos e significados, mesmo ou especialmente no aparentemente insignificante. Dessa forma, todas as hierarquias próprias da representação clássica ficam esvaziadas. A outrora poderosa palavra falada, a dita palavra *viva*, perde sua importância, agora "não é mais que a vã cena oratória, o discurso da superfície e suas agitações" (p. 38). Em segundo lugar, o *logos* mudo se evidencia na palavra *solilóquio*, que "não fala para ninguém, a não ser para si mesmo". É o discurso inconsciente sobre o qual Maeterlinck teorizou ao analisar a obra de Ibsen.

Em ambos os casos, o que é ressaltado é a potência da linguagem, que a tudo permeia. No primeiro modelo, urge traduzir, decifrar, interpretar a palavra muda incrustada nas coisas, dar-lhe voz, devolvê-la ao regime linguageiro, que é o que Freud nos ensinou a fazer desde *A interpretação dos sonhos*. No segundo, deparamos com uma palavra insensata, que fala a vontade bruta, não simbolizada, da vida. Dão testemunho dessa palavra muda a obra dos escritores já citados (Ibsen, Strindberg, Maupassant, Zola), que circula nos subterrâneos do mundo e da mente, mostrando realidades impensáveis, tidas antes como irrelevantes ou indignas de representação. Neles, há identidade de contrários, uma equivalência entre saber e não saber, entre agir e padecer.

Inicialmente Freud não tolerava a gratuidade e a falta de sentido, a volúpia do nada afirmada por esses escritores. Freud empreendia uma incessante busca por sentidos, procurava provar a existência de uma lógica especial própria do desejo inconsciente. Paradoxalmente Freud se beneficiava da liberdade dos escritores criados pela revolução estética, mas, nas análises que fazia dessa literatura, procurava um encadeamento lógico que se aproximava dos parâmetros próprios da ordem clássica, embora enfatizasse que essa era uma racionalidade diferente, característica dos desejos inconscientes. Nesse sentido, Freud estaria sendo mais *aristotélico* do que *baumgartiano*. Mas Freud termina por se reconciliar com o radicalismo do inconsciente estético tal como representado em Ibsen, Strindberg, Maupassant e Zola, ao deparar com a pulsão de morte e repensar o funcionamento do aparelho psíquico além do princípio do prazer.

Em outras palavras e *grosso modo*, essas duas formas de tratar a palavra escrita, o *logos* mudo, corresponderiam aos dois modelos de funcionamento do aparelho psíquico, o regido pelo princípio do prazer/realidade e o regido além desse princípio, com a introdução da pulsão de morte.

Rancière ilustra essa posição de Freud na análise que ele faz de *Rosmersholm*, de Ibsen, no texto "Alguns tipos de caráter encontrados no trabalho psicanalítico". Recusando a entropia niilista, a vertigem do nada proposta por Ibsen, Freud insiste em buscar sentidos (culpas e desejo de punição inconscientes pelo incesto) nos gestos extremados e insensatos dos personagens.

Ao revogar a ordem causal vigente na poética aristotélica e seu desdobramento na ordem clássica até o século XVIII, a revolução estética autoriza a arte a expor com toda a liberdade a convivência de contraditórios, a coexistência de *páthos* e *logos*.

Atualmente, ao abordar a literatura e a arte, parte dos analistas continua buscando sentidos reprimidos e inaparentes, seguindo a lógica própria do desejo, tal como ilustrada na interpretação de sonhos, sintomas etc. Outra parte se aproxima mais da dimensão radical do inconsciente estético, "afirmando ao mesmo tempo a autonomia antirrepresentativa da arte e sua natureza profundamente heteronômica, seu valor de testemunho da ação das forças que ultrapassam o sujeito e o arrancam de si mesmo" (p. 77).

Essa psicanálise mais radical, mais cônscia da pulsão de morte, valoriza a palavra do Outro, que será sempre "irredutível a qualquer hermenêutica" (p. 77). O encontro com o Outro em sua radical alteridade descentraliza o sujeito, experiência semelhante à que lhe ocorre quando depara com a potência da arte:

> *O sujeito é aí desarmado pela marca do* aistheton, *do sensível, que afeta a alma nua, confrontado a uma potência do Outro . . . À sublimação freudiana se opõe essa marca do sublime, que faz triunfar um* pathos *irredutível a todo* logos. *(p. 76)*

Em seu rico e instigante livro, Rancière estabelece uma gênese específica da psicanálise, situando-a no âmago da cultura alemã, como um fruto da revolução estética de Baumgarten. É uma visão diferente da habitual, que enfatiza sobretudo suas raízes judaicas.

25. A paternidade segundo Cristiano Ronaldo: uma leitura psicanalítica[1]

A saga de Cristiano Ronaldo, semelhante à de tantos outros astros dos esportes, é bem conhecida: uma família muito pobre, o pai de quem tinha vergonha e que morreu cedo como alcoólatra, a mãe simples que escreveu uma autobiografia indiscreta, na qual confessa ter planejado abortar o rebento que viria ser o fenômeno futebolístico que vive no centro das atenções do público. Não espanta, pois, a polêmica que hoje ocorre em Portugal sobre a paternidade de seus quatro filhos.[2]

Comenta-se que os três primeiros nasceram nos Estados Unidos por inseminação artificial e uso de barriga de aluguel e apenas o último nasceu de uma companheira sua, a atual namorada. Logo depois do nascimento, os três primeiros filhos foram entregues à avó – mãe de Cristiano Ronaldo – para que os criasse. As notícias afirmam que Cristianinho, o filho mais velho agora com 7 anos, insiste em saber quem é sua mãe e lhe é dito que ela morreu ou que está viajando. Indagado sobre os eventuais efeitos danosos dessa situação para o filho, Cristiano

1 Publicado em *Psychiatry On-line Brasil*, 1º ago. 2018.

2 http://esporte.uol.com.br/futebol/ultimas-noticias/2018/01/15/por-que-paternidade-de-cristiano-ronaldo-provoca-controversia-em-portugal.htm.

Ronaldo diz não ver nada demais, muita gente vive sem nenhum dos pais, seu filho tem um pai e a avó, é o suficiente.

Não saberia dizer quanto de *fake news* haveria nessas notícias publicadas em muitos sites, muitos deles de jornais e revistas bem estabelecidos. Mas, para nossos objetivos, isso é irrelevante. Uma história como essa poderia perfeitamente ser relatada num consultório de psicanálise. Se um paciente me contasse algo semelhante, mesmo reconhecendo que muito ainda precisaria ouvir para entender sua vida psíquica, esses dados já seriam bem reveladores e me permitiriam levantar algumas hipóteses.

Em primeiro lugar, faria mais uma vez a constatação de como os processos de reprodução humana sofreram grandes modificações em função da tecnociência e das mudanças da moral social, hoje aberta a famílias e casais compostos de gêneros os mais variados. Isso faz com que os papeis convencionais de pai e mãe sejam reconsiderados.

Dentro desse contexto, pensaria como a paternidade ocupa um lugar importante na problemática desse hipotético paciente, pois é evidente que "ser pai" lhe é uma questão prioritária. Usando dos recursos financeiros de que dispõe, providencia uma doadora de óvulo, que ele fecunda com seu próprio sêmen, e contrata uma segunda mulher para gestar o óvulo fecundado. No devido tempo a criança nasce e é entregue à avó – sua mãe –, que deve cuidar dela como cuidou dos próprios filhos, ou seja, dele mesmo. Ao ser indagado sobre como o filho viveria isso, o hipotético paciente indiretamente diz que o papel da mãe é irrelevante, basta para a criança ter o pai.

Dessa maneira, parece mostrar desprezo pelo papel da mãe e uma supervalorização, para não dizer uma onipotência, do papel do pai. Essa situação me faria pensar no mito de Zeus, que alegava ter gerado sozinho Atenas, sem o concurso de uma mãe, o que alguns apontam como a fraude fundadora do patriarcado, pois, nessa narrativa, Zeus, o princípio masculino, usurpa o papel de Métis, o princípio feminino, que, engolida por ele (Zeus) e aprisionada no corpo dele, ali gestara a filha de ambos, Atenas.

Essa peculiar visão da paternidade e da maternidade refletiria a história familiar do suposto paciente? Sabemos que seu pai era um homem fraco e fracassado, alcoólatra, irresponsável, incapaz de prover e cuidar da família. A valorização excessiva da figura paterna poderia ser uma maneira de reparar, consertar a imagem destruída de seu pai, forjando uma nova, construindo a imagem de um pai onipotente, com a qual se identifica. Ele mesmo não será um pai humilhado para seu filho. Pelo contrário, será um deus onipotente, ideia fantasiosa que a realidade ajuda a manter, na medida em que com sua própria força e talento conseguiu fama e riqueza, superando, em muito, suas circunstâncias iniciais.

Acontece que dessa forma, como vimos, elimina a mãe, tornando-a supérflua, desnecessária. Como correlacionar esse dado com sua história familiar, tendo em vista a forma amorosa como descreve sua relação com a mãe? Pois não diz ele que ela será a melhor mãe para seus filhos? Como conciliar isso com o desprezo evidenciado pelas mães biológicas, meras fornecedoras do óvulo e da barriga, a serem descartadas? Ao que parece, estamos diante de uma cisão que expressa sua ambivalência frente a sua mãe, ora vista como uma mulher má que queria abortá-lo, contra a qual volta seu ódio e seu desprezo, rejeitando-a e abandonando-a, ora como uma mãe idealizada, fonte de desvelo e cuidados. Por outro lado, ele "dá filhos à mãe", como fazem os maridos com suas mulheres. Poderia ser essa uma expressão do desejo incestuoso edipiano de ter filhos com a mãe?

Entretanto, foi tudo diferente com o último filho. O hipotético paciente engravidou uma namorada, que pariu a criança e assumiu a maternidade. Sua mãe está ausente no episódio, assim como não aparece a necessidade de criar uma imagem ideal de um pai que gera um filho sozinho. Isso indica uma significativa mudança em sua vida psíquica. Ele agora não está mais tão preso às ligações infantis com o pai e a mãe. Pode romper com a endogamia e estabelecer uma relação exogâmica, ou seja, não incestuosa com uma mulher que ama.

Esse fato seria indício de que, apesar dos traumas e dos conflitos presentes, o hipotético paciente mostra reservas internas que autorizam uma visão esperançosa e otimista do trabalho analítico a ser feito.

26. Psiquiatras e psicanalistas podem dar opiniões sobre personalidades públicas?[1]

As condutas cada vez mais extravagantes e bizarras de Trump são amplamente comentadas por todos, mas, nos Estados Unidos, justamente aqueles que mais teriam a dizer a respeito e de quem mais a sociedade esperaria algum esclarecimento, como psiquiatras e psicanalistas, se sentem impedidos de fazê-lo em função do código ético profissional que rege suas atividades, no qual está inserido a Lei Goldwater.[2]

A *Goldwater Rule* foi estabelecida após um incidente ocorrido na campanha eleitoral estadunidense de 1964, quando Lyndon Johnson e o senador Barry Goldwater concorriam à presidência. Naquela ocasião, a hoje extinta revista *Fact Magazine* publicou uma pesquisa na qual 12.356 psiquiatras foram indagados se Goldwater estava capacitado, do ponto de vista psíquico, para exercer a presidência. Das 2.417 respostas recebidas, 1.189 disseram que não. Goldwater processou a revista por

1 Publicado em *Psychiatry On-line Brazil*, 22(7), jul. 2017.

2 Sobre a polêmica em torno de Trump e seus "diagnósticos", ver: http://edition.cnn.com/2017/07/26/health/mental-health-association-debate-trump/index.html; http://www.mdedge.com/clinicalpsychiatrynews/article/143362/practice-management/no-you-still-cant-diagnose-trump; https://www.yahoo.com/news/clarifying-goldwater-rule-psychotherapists-age-trump-184518946.html.

difamação e ganhou a causa, firmando jurisprudência no sentido de que nenhum profissional pode dar diagnósticos sem ter examinado pessoalmente o diagnosticado.

A associação psiquiátrica estadunidense (American Psychiatric Association – APA) incorporou a *Goldwater Rule* em seu código ético em 1972 e a tem seguido à risca, daí a ausência dos psiquiatras no debate público sobre a permanência de Trump no poder. Ainda assim, no começo desse ano, 41 mil trabalhadores de saúde mental assinaram um documento manifestando a preocupação com o futuro do país, regido por uma pessoa que tem demonstrado sinais de instabilidade emocional.

Reacendendo a polêmica, essa semana (final de julho de 2017) a American Psychoanalytic Association enviou um e-mail para seus 3,5 mil associados lembrando que seu código ético não é o mesmo da associação psiquiátrica, ou seja, dele não consta a *Goldwater Rule*. Dessa forma, seus membros estão liberados para emitir opiniões sobre as condutas de Trump.

Diz Prudence Gourguechon, psicanalista e psiquiatra, membro das duas associações:

> *Não aconselhamos nossos membros a desafiar a Lei Goldwater. . . . Penso que nós, psicanalistas, temos um conhecimento imenso e único sobre o comportamento humano. Basicamente acreditamos na liberdade de expressão de nossos membros e não queremos proibi-los de exercê-la, falando em público. Vemos o estado mental de Trump sendo discutido [por todos] e não pensamos que seja necessário ou correto sonegar nossa competência [no assunto].*[3]

Sob vários aspectos, é interessante a colocação da associação psicanalítica estadunidense. Em primeiro lugar, por ser um rompimento

3 Publicado em *The Atlantic*. Evaluating Trump's Psyche in Public, 25 jul. 2017.

do automático alinhamento com a política psiquiátrica mantido até então. Apesar de muito próximas, psiquiatria e psicanálise não se confundem e seguem parâmetros diversos. Em segundo, indica uma mudança da instituição no sentido de incentivar os psicanalistas a deixarem o isolamento da torre de marfim dos consultórios e participarem dos debates públicos, reconhecendo que a psicanálise tem muito a dizer e que não o fazer, como tem ocorrido por tanto tempo, é uma omissão injustificável.

O equilíbrio psíquico de Trump é apenas um item numa grande lista de questões e problemas públicos que interessam à sociedade em geral, e não apenas a estadunidense, sobre os quais a psicanálise pode e deve ajudar a pensar e encontrar as saídas possíveis.

No caso específico de Trump, é natural que, sendo ele presidente dos Estados Unidos, suas ações tenham repercussões e provoquem reações, mas vivemos num momento em que foram rompidas as barreiras entre público e privado. Celebridades, políticos, atletas e artistas, todos eles expõem continuamente suas intimidades nos meios de comunicação, comportamento imitado pelas pessoas comuns, que fazem o mesmo nas mídias sociais, como Facebook, Instagram etc. Não é infrequente que sejam divulgadas condutas e comportamentos aberrantes que abalam o público, suscitando curiosidade, espanto, perplexidade.

A opinião de psiquiatras ou psicanalistas sobre personalidades ou situações cujas afirmações, comportamentos ou atitudes abalam o público levanta algumas questões e é importante deixar claro alguns pontos.

O psiquiatra ou o analista tem o compromisso ético de manter o sigilo profissional daquilo que o paciente lhe relata. Apenas em circunstâncias muito especificas e nunca para o grande público, cercados de cuidados para proteger o paciente, tais dados podem ser comunicados em determinadas situações legais ou na escrita de trabalhos científicos. Vê-se então que a situação de todos aqueles que voluntariamente se expõem não se enquadra no compromisso ético do psiquiatra e do psicanalista. Esses profissionais não estão sendo indiscretos. São os próprios interessados que abandonam a privacidade e tornam públicas suas intimidades.

Se celebridades, personalidades públicas e pessoas comuns agem assim e o que afirmam ou fazem choca ou causa espanto à sociedade, por que psiquiatras ou psicanalistas não poderiam opinar sobre isso? Como tais pessoas são modelos identificatórios para a massa, não seria uma imposição ética para esses profissionais mostrar motivos e razões de atos que parecem incompreensíveis para a maioria? Não estariam com isso divulgando conhecimentos e educando a população?

Como vimos, ao ler e interpretar informações que estão à disposição de todos, expostas pelos próprios interessados, o psiquiatra ou psicanalista não quebra qualquer contrato ético de privacidade ou confidencialidade, pois o que seria do âmbito do mundo privado passa a ser um fato social, analisável por quem se habilitar. Suas opiniões serão sempre hipóteses sujeitas a erros e correções, o que não diminui sua importância e sua utilidade.

Tais opiniões não visariam estigmatizar por meio de "diagnósticos" negativos as pessoas ou situações em causa, e sim analisar as possíveis conflitivas inconscientes subjacentes, das quais todos nós partilhamos em diferentes graus. Aquilo que aparece cercado de escândalo, provocando pasmo e estranhamento, muitas vezes é algo que, em tom menor, todos nós vivemos em nosso íntimo. A interpretação analítica, ao invés de estigmatizar, humaniza, possibilitando a compreensão e a empatia.

No caso dos políticos estadunidenses, é difícil avaliar o peso dessas opiniões. Se a opinião dos psiquiatras poderia ter influenciado na derrota de Goldwater, o abaixo-assinado recente contra Trump de nada adiantou. Mas é importante que psiquiatras e analistas se sintam livres para expressar suas opiniões como cidadãos conscientes e participantes e que possam fazê-lo na posse de suas ferramentas profissionais. É de se supor que a democracia tenha seus próprios mecanismos para se defender daqueles que fazem mau uso desse poder.

É grande o conhecimento da psicanálise sobre as motivações inconscientes do comportamento humano e ele deve ser compartilhado com a sociedade sempre que possível. O risco maior que psicanalistas correm nessas circunstâncias é confundir potência com onipotência e se colocar como os donos da verdade, os que tudo sabem e tudo explicam.

27. Resenha de *The Clock*, de Christian Marclay[1]

Muitos consideram o cinema uma forma de "passar o tempo", no sentido de esquecê-lo, escapar de sua incessante voracidade. Na verdade, não só o cinema, mas toda a indústria do entretenimento parece girar em torno desse pressuposto – criar novas formas de nos distrairmos, passatempos que nos ajudem a levar a vida, como se tivéssemos à nossa disposição todo o tempo do mundo e pudéssemos desperdiçá-lo descuidadamente, como se ele não fosse irreversível e finito, dando-se de forma única e singular para cada um, ora sendo largo e generoso, permitindo que a vida se estenda por muitas décadas, ora mesquinho e avaro, ceifando-a cedo demais. Uma das funções do entretenimento, do passatempo, é justamente esta: afastar a percepção sempre angustiante de que somos mortais e a qualquer instante, e de forma nunca sabida de antemão, nosso tempo se esgota.

A videoinstalação *The Clock*, de Christian Marclay, é o contrário do passatempo tal como descrito. É uma obra de arte que revela a grandiosidade do tempo, eixo central inescapável em nossa vida.

---

1 Publicado em *Psychiatry On-line Brazil*, 17 dez. 2017.

Trazida para São Paulo para a inauguração do Instituto Moreira Sales (setembro de 2017), *The Clock* recebeu o Prêmio Leão de Ouro na Bienal de Veneza de 2011 e tem-se apresentado em várias cidades pelo mundo afora. É uma colagem de incontáveis cenas de filmes e programas de televisão nas quais aparece a hora do dia, que é sincronizada com o tempo real da exposição, de modo que a instalação, em si, se transforma num inusitado e surreal relógio, que proporciona ao expectador uma peculiar percepção do tempo, fazendo-o refletir sobre essa decisiva e implacável dimensão da nossa existência. Vemos a sucessão de 1.440 minutos ilustrados com diferentes cenas centradas em relógios que os inúmeros personagens consultam compulsivamente, angustiadamente, à espera de algo que está por acontecer.

A forma como a obra foi concebida – como foi dito, uma colagem de 1.440 cenas diferentes com um relógio marcando a hora – necessariamente impossibilita uma narrativa com começo, meio e fim. O espectador fica no desconhecimento das situações anteriores às que está vendo, ou seja, o passado, bem como do que ocorrerá em seguida à cena, o futuro. Dessa maneira, como o próprio Marclay disse numa entrevista,[2] o espectador fica preso a um eterno presente, num clima de expectativa e apreensão, num suspense em relação ao enigmático porvir.

Dessa maneira, a obra nos proporciona uma experiência que dificilmente temos na vida real, pois não é fácil habitar o puro presente, com sua áspera e evanescente novidade. Logo nos refugiamos no conhecido e confortável passado ou num futuro imaginado, ilusoriamente moldado de acordo com nosso desejo, o que faz ficar oculta sua face desconhecida, portanto ameaçadora.

No espaço de um minuto, vemos uma quantidade imensa de imagens retratando fragmentos de filmes com pessoas, personagens, coisas, objetos. Por serem de diferentes épocas, tais imagens evocam usos e

---

2 Publicado no *The Guardian*. It's impossible! – Christian Marclay and the 24-hour clock made of movie clips, 10 set. 2018.

costumes diversos, com seus objetos, carros, roupas, penteados, os próprios atores em diferentes períodos de vida. Essa superposição vertiginosa de tempos, por sua vez, evoca no expectador experiências pessoais ligadas àquelas imagens, fazendo-o reencontrar seu próprio tempo passado pessoal.

Assim, ao mesmo tempo que *The Clock* aprisiona o expectador num tempo presente, paradoxalmente o empurra para o passado coletivo e pessoal, reavivando suas memórias.

Sabemos como o tempo existencial pode ser bem diferente do tempo do relógio. Às vezes o tempo não passa, temos a sensação do tempo parado, minutos que parecem horas, ocupados pelo tédio, pelo aborrecimento. Em outras, um segundo pode parecer séculos, ou o tempo passa rápido demais e uma hora se esvai em instantes; em retrospectiva, décadas se dissolvem como se nunca tivessem existido.

Essa questão também se impõe na apreciação de *The Clock*. A instalação acontece numa sala de projeção com sofás e os espectadores ficam ali o tempo que julgam necessário. É interessante como se tem a sensação de que ali o tempo passa de forma diferente, como se ele estivesse expandido ao máximo. Em poucos minutos, tem-se a impressão de que muito mais tempo já passou, dada a abundância de imagens mostradas.

The Clock, além de prestar tributo a essa dimensão incontornável de nossa realidade, é ainda uma evidência de como vivemos numa cultura rendida à imagem visual, tributária do cinema e da televisão.

28. Considerações em torno de *O amor dos homens avulsos*, de Victor Heringer[1]

Há um mês e meio (7 de março de 2018), foi noticiado o suicídio, aos 29 anos, de Victor Heringer, festejado escritor. O suicídio é sempre chocante, uma vez que nos obriga a encarar o poder da pulsão de morte presente em todos nós, constatar sua capacidade de destruição voltada para aquilo que supostamente mais deveríamos preservar e zelar, a própria vida. O choque fica maior quando o suicida é jovem, alguém no início de uma vida que poderia ser rica e produtiva.

Até então nada lera de Heringer. Ao saber do ocorrido, me senti inclinado a procurar seu último e elogiado livro, *O amor dos homens avulsos* (Companhia das Letras, 2016), e o li procurando detectar nas entrelinhas indícios da melancolia e da autodestrutividade que o aniquilariam em seguida. Um pouco como fizera antes ao ler David Foster Wallace, especialmente seu livro *Breves entrevistas com homens hediondos*, no qual é impossível não perceber pelo menos dois contos – "O suicídio como uma espécie de presente" e "A pessoa deprimida" – como claros indícios de suas ideias suicidas.

1 Publicado em *Psychiatry On-line Brazil*, 2 maio 2018.

Não é a melhor maneira de ler um livro. O fantasma do autor assombra o texto, o leitor fica tentando encontrá-lo nos desvãos dos parágrafos. Tal perspectiva fortalece a permanente e usual confusão feita pelo leitor entre autor e personagem/narrador, confusão reforçada pela moda atual das "autoficções", nas quais há uma deliberada indiscriminação entre o ficcional e o biográfico, a nudez do autor mal se cobrindo com trapos ou tropos imaginários.

O amor dos homens avulsos tem valores inegáveis. Vê-se que Heringer tem um projeto autoral. Se esforça para criar uma moldura convincente que pretende abranger a realidade histórica econômico--social do país no qual circulam seus personagens e, mais importante, revela um talentoso manejo da linguagem, criando figuras inesperadas e originais, fortes e certeiras, como as que abrem o livro:

> *No começo, nosso planeta era quente, amarelento e tinha cheiro de cerveja podre. O chão era sujo de uma lama fervente e pegajosa. Os subúrbios do Rio formam a primeira coisa a aparecer no mundo, antes mesmo dos vulcões e dos cachalotes, antes de Portugal invadir, antes de Getúlio Vargas mandar construir casas populares. O bairro do Queím, onde nasci e cresci, é um deles. Aconchegado entre o Engenho Novo e Andaraí, foi feito daquela argila primordial, que se aglutinou em diversos formatos: cães soltos, moscas e morros, uma estação de trem, amendoeiras e barracos e sobrados, botecos e arsenais de guerra, armarinhos e bancas de jogo do bicho e um terreno enorme reservado para o cemitério. Mas tudo ainda estava vazio: faltava gente. (p. 11)*

A originalidade linguística perde seu ímpeto – não se mantém e logo retorna ao leito mais percorrido do rio. De qualquer forma, assim Heringer inicia a cosmogonia do universo que está a criar e povoar com seus personagens.

A ação se passa nos anos 1970 e no presente, o texto se organiza como um intricado labirinto de idas e vindas em que o Camilo criança ou adolescente se reveza em cena com o Camilo maduro, de meia--idade. Para fins de análise, a história está aqui resumida de forma cronológica linear.

Condizente com o meio distópico em que vive, Camilo – que tem uma única irmã – é, como dito no texto, um aleijado – tem uma perna atrofiada e precisa de muleta para se locomover. Mora num subúrbio infecto do Rio, mas é o rico da turma; sua casa – que tem piscina – é uma ilha de prosperidade na pobreza generalizada na qual os vizinhos vegetam. Talvez por isso, ele e a irmã pouco saem à rua.

A família não poderia ser mais disfuncional. O pai é um médico alcoólatra que, de forma conivente, dava assistência aos presos torturados da ditadura e a mãe uma mulher enlouquecida, obsessivamente limpando e polindo "ovinhos de porcelana", falsos Fabergés. Abandonados pelos pais, as únicas figuras cuidadoras amorosas são as empregadas negras Maria Ainá e Paulina.

Em algum momento, quando Camilo está ingressando na adolescência, de forma inesperada e sem explicações posteriores, o pai traz para casa um menino, Cosme, um pouco mais velho que Camilo, supostamente filho de um dos presos assassinados pela ditadura. A chegada de Cosme muda por completo a vida de Camilo, pois os dois se apaixonam imediatamente e vivem um breve caso amoroso por duas semanas, até Cosme ser assassinado por Adriano, marido de Paulina, que os flagrou fazendo sexo. Um crime homofóbico que marca para sempre Camilo, impossibilitado de fazer o luto por tal perda.

Muitos anos depois, já maduro, Camilo descobre Renato, o neto do assassino, um menino de 10 anos, com quem passa a ter um relacionamento peculiar.

Se não me perdi nas alternâncias de tempos narrativos, é o que entendi do enredo, que, junto com a construção dos personagens, me pareceu levantar algumas questões. Por exemplo, o uso da ditadura e seus recorrentes avatares como elemento narrativo poderia ser mais bem explorado. Da maneira como está, parece forçado, artificial, gratuito. A história em nada se alteraria caso esse elemento fosse suprimido. Mães loucas e pais irresponsáveis pululam por aí, sem nenhuma vinculação com regimes autoritários. Ser ou não filho de um torturado não tem relevância alguma nos desdobramentos do personagem Cosme e sua sexualidade. No que diz respeito à relação de Cosme com Camilo, parece inverossímil que nos anos 1970, nos subúrbios cariocas, uma gangue de adolescentes da periferia aceitasse de bom grado e sem rejeição um par homossexual entre eles.

A própria construção do personagem Camilo não é muito congruente. Com exceção do breve e trágico interlúdio amoroso, ele transborda amargura e descontentamento, maldizendo a vida, a sociedade, a humanidade, o que se agrava com a perda de Cosme. Em que mesmo ele teria se transformado na vida adulta?

O encontro com Renato, abandonado menino de rua e neto de Adriano, assassino de Cosme, é um acontecimento decisivo para Camilo e, de maneira nebulosa, dá alguma indicação. Camilo se apega a Renato de forma ambígua, pois junto com os cuidados com o menino de rua, em que interfere a lembrança do avô assassino, elementos eróticos são insinuados: "[Renato] Se entregou sem muitos porquês, como essas meninas pobres que, mesmo com muita honra e amor-próprio, se dão mais fácil aos homens (coisa que minha irmã, por exemplo, nunca faria. Papai tinha dinheiro. O dinheiro compra porquês e compra pudores)" (p. 60); "O Renato vem e me dá um beijo na bochecha, a boca entreaberta. As laterais de meu pescoço, subindo até as orelhas, se agudizam" (p. 127). Na parte final do livro, Camilo se comporta como um "pai" adotivo exemplar de Renato, cercando-o de mil desvelos e cuidados.

Mesmo que Heringer visasse mostrar uma transgressiva versão de uma relação do tipo pai-filho, na qual o tabu do incesto é rompido, não é convincente a improvável mudança do perfil até então mantido pelo personagem.

O livro padece ainda de algumas modernices. Desde que Sebald inseriu algumas fotos em seus textos, vários outros escritores têm feito o mesmo, com discutíveis resultados. Se em Sebald elas são evanescentes, evocativas, recursos visuais do entrecho narrativo literário, aqui elas são desnecessárias, dispensáveis, mero modismo. O mesmo ocorre com os desenhos infantis que surgem no meio do texto, como o recorrente "sol" cuja função não fica muito clara.

Este leitor também não entende o porquê da peculiar numeração dos capítulos, que não têm a sequência habitual. Ela segue normalmente até o capítulo 60 e, entrando em ritmo retroativo, volta para o 59, terminando no capitulo 34. A própria disposição gráfica do texto sofre uma mudança: os capítulos se sucedem sem intervalos até o final do capítulo 58, quando há um página em branco, marcando de forma clara uma divisão do livro, que ganha um subtítulo – "Um sol dentro de casa" (acompanhado pelo nosso já conhecido desenho de "sol"). Supondo que o autor tenha tido algum propósito com essa disposição do material, ele não fica evidente para o leitor, pelo menos para este que vos escreve. Agradeço a quem, tendo desvendado o enigma, tenha a gentileza de me iluminar.

Camilo é o rico, cuja casa com piscina está incrustada num bairro pobre da periferia. Essa poderia ser uma metáfora que ilustra bem um dos dilemas do escritor de classe média (alta?) ao tentar escrever sobre o Brasil de hoje. A escandalosa situação econômico-social do país faz com que tais escritores não se sintam à vontade para abordar sua própria realidade, aquela que efetivamente conhecem. Por culpa, por se sentirem privilegiados, obrigam-se a falar de algo que não conhecem bem, como subúrbios e favelas, pobrezas e misérias. Não que Heringer se enquadre nessa categoria, mas nunca é demais lembrar que a denúncia social na obra de arte é um tema complicado, podendo sempre derrapar para a rasa panfletagem política. É necessário que o autor de classe média esteja atento para não errar a mão e insistir em estereótipos que só interessam aos já convertidos, distanciando-se da liberdade própria da literatura e se deixando aprisionar pelas cadeias programáticas da ideologia.

Embora descrevendo mundos ficcionais muito diversos, *O amor dos homens avulsos* me fez lembrar de *Berkeley em Bellagio*, de João Gilberto Noll, uma vez que ambos os livros incidem numa provocação crítica aos costumes e à sociedade, apoiando-se numa sexualidade desafiadoramente não sacramentada, embora a homossexualidade hoje em dia mal se preste a tal papel, ansiosa que está por alcançar foros de legitimidade, pleiteando ao Estado e conseguindo a formalização de procedimentos como o casamento, a constituição de família e o exercício de papéis paternais e maternais.

Mas é verdade que a sexualidade (no caso, homossexualidade), especialmente em *Berkeley em Bellagio*, não está totalmente domada e normatizada. Resta-lhe uma conotação "maldita", transgressora. Autores como Sade, Miller, Bataille defendem a sexualidade como uma dimensão legítima do humano a ser explorada plenamente, ainda que para tanto seja necessário romper o cordão sanitário que cerca suas facetas menos domesticadas. O que fazem esses autores? Eles simplesmente transpõem o cordão sanitário estabelecido pela moralidade pública e vão desbravar os proibidos paraísos sensuais, enquanto Noll fica preso a uma atitude de provocação (adolescente?), desafiando o cordão sanitário, mas sem ousar ultrapassá-lo, ou seja, continua submetido à autoridade.

Em Bataille, a sexualidade, ainda que sempre aproximada da animalidade e da brutalidade feroz, é vista como imprescindível parte vital, que não pode nem deve ser rejeitada, porta do orgiástico e da ruptura de limites. Em Noll, a sexualidade não está ao lado da vida, está mais próxima da morbidez, da degradação, do doentio, da decadência, da morte. Heringer parece seguir trilha semelhante.

Que a literatura choque, incomode, não surpreende. Está em sua essência simbolizar e expressar o que a cultura de um determinado momento histórico não pudera exprimir até então. Assim fazendo, amplia os horizontes do pensável, afasta os monstros que medram na escuridão, no não falado, não representado, não simbolizado. Escritores que se apoiam fortemente na sexualidade na construção de sua obra – e que tantas vezes são vistos como meros pornógrafos – estão a expor as matrizes primárias de nossos desejos sexuais e agressivos, que dançam ferozmente sobre o tênue fio que separa a vida e a morte.

29. Resenha de *Se a rua Beale falasse*, de James Baldwin[1]

Autor de romances, peças, ensaios e poesia, James Baldwin é uma figura relevante na literatura e na luta pelos direitos civis encetada especialmente nos anos de 1960 e 1970, época turbulenta que consolidou a conscientização dos negros estadunidenses no combate ao racismo. Naquela ocasião surgiram o movimento dos Panteras Negras e o Black Power e foram assassinados grandes líderes, como Martin Luther King e Malcolm X.

Autoexilado na França por muitos anos, Baldwin se sente convocado pela luta de seus irmãos e retorna aos Estados Unidos, participando ativamente dos protestos, fazendo conferências em universidades, aparecendo na mídia com escritos e entrevistas sempre que solicitado.

A militância política de Baldwin pode ser vista no documentário (disponível nas plataformas de *streaming*) *Eu não sou seu negro* (2016), do diretor Raoul Peck, baseado num manuscrito que deixou inacabado.

Seu romance de 1974, *Se a rua Beale falasse* (Companhia das Letras, 2019), que deu origem a um filme homônimo com três indicações ao

1 Publicado no suplemento "EU & Fim de Semana" do jornal *Valor Econômico*, 1º fev. 2019.

Oscar desse ano, mostra a violência social por meio de um recorte privado – a luta desesperada da humilde família de Tish para livrar seu noivo Fonny da prisão, onde aguarda julgamento por uma acusação forjada de estupro. Por essa via, Baldwin denuncia a truculência policial, as prisões imotivadas e a conivente apatia jurídica frente a tais abusos. Evidencia também a secreta dimensão erótica do racismo, que vê os corpos negros como perigosas máquinas libidinosas, como estupradores e prostitutas.

A questão central do livro – a agressão da polícia e o encarceramento arbitrário (racista) dos negros – mantém-se extremamente atual. Se naquela ocasião já era calamitosa, como denunciou Angela Davis, ativista negra que passou dois anos num presidio, só fez piorar desde então, como mostra Márcio Macedo em ensaio incluído no livro. Diz ele:

> *De acordo com os dados do Bureau of Justice Statistics, em 2016 havia mais de 2 milhões de presos, entre homens e mulheres . . . Entre os encarcerados, há uma super-representação de negros e latinos: os negros compõem 36,1% do total de encarcerados, mas representam apenas 13% da população estadunidense, enquanto os latinos são 21,9% do total de encarcerados e constituem 17% da população americana. (pp. 212-213)*

Algo que talvez nos ajude a desidealizar o grande irmão do norte e ver que não é só no Brasil que a justiça tem uma predileção especial por pretos, pobres e putas.

O julgamento de Angela Davis teve imensa repercussão e fez com que John Lennon e Yoko Ono lhe dedicassem uma canção ("Angela"), assim como os Rolling Stones ("Sweet Black Angel"). Baldwin, que era seu amigo, escreveu-lhe uma carta publicada no *New York Review of Books*, "An open letter to my sister, Miss Angela Davis". Ali Baldwin compara as prisões estadunidenses a campos de concentração para negros e termina por dizer que brancos e negros são igualmente massacrados por um poder espúrio, que visa exclusivamente ao lucro, como mostravam os mortos brancos e negros da Guerra do Vietnã, então em pleno andamento.

Se a rua Beale falasse ressalta a questão da obra engajada, armadilha fatal para muitos escritores, que, no empenho de defender determinadas causas, terminam por produzir tediosos catecismos panfletários. Não é o caso de Baldwin, que vence tais perigos ao construir personagens psicologicamente densos e pelo olhar crítico que dirige não só aos brancos, mas também à própria comunidade negra, como se vê no trecho em que descreve de forma irônica a involuntária comicidade de um culto religioso, no qual duas mulheres disputam, com cantos gritados e gestos exagerados, o posto de ser a mais fervorosa do grupo.

Se a rua Beale falasse é uma declaração da força e da resistência do povo negro estadunidense, que mesmo confinado em guetos e sofrendo humilhações infindáveis não se deixou abater e foi capaz de criar, entre outras tantas coisas, uma música extraordinária. Não é à toa que no livro ressoam o blues, os spirituals, o soul e o jazz nas canções de Ray Charles, Billie Holiday, Marvin Gaye, Aretha Franklin e B.B. King.

30. 75 folhas ou *Soixante-quinze feuillets*, de Proust[1]

Em abril de 2021, a editora Gallimard publicou o derradeiro texto inédito de Proust, o rascunho mais antigo do que viria a ser *Em busca do tempo perdido*.

Vem de longe a história desse manuscrito. Ao morrer, em 1922, Proust deixou seus papéis para o irmão Robert. Em 1949, sua sobrinha Suzy Mante-Proust delegou ao editor Bernard de Fallois, da editora Gallimard, a tarefa de garimpá-los e dali surgiram dois livros póstumos: em 1952, *Jean Santeuil*, um longo romance inacabado, com fortes elementos autobiográficos e a temática que seria desenvolvida na obra final; em 1954, *Contre Sainte-Beuve*, um conjunto de ensaios e narrativas em que Proust polemiza com o crítico literário Sainte-Beuve. No prefácio do segundo livro, Fallois menciona a existência de 75 folhas com o primeiro esboço do romance monumental. Mas quando, anos depois, Mante-Proust doou todo o acervo para a Biblioteca Nacional da França, elas não faziam parte do conjunto. Houve uma grande decepção e temeu-se que elas tivessem se extraviado ou que nunca tivessem

---

1 Publicado no suplemento "EU & Fim de Semana" do jornal *Valor Econômico*, 20 ago. 2021.

existido, a não ser na mente de Fallois. Com sua morte em 2018, as 75 folhas foram encontradas em seu espólio. Por que teria Fallois mantido por tanto tempo e em segredo a posse do manuscrito, frustrando as expectativas e a curiosidade dos estudiosos?

Nas 75 folhas, a matriz biográfica de *Em busca do tempo perdido* é desnudada, pois muitos dos personagens mantêm os nomes verdadeiros. O narrador se intitula Marcel e fica claro que vários personagens foram transpostos diretamente da realidade familiar para o livro; outros são compostos com as características de diversas pessoas de seu relacionamento.

Conhecedores apontam que, nessas 75 páginas, Proust explicita algo que fica escamoteado na obra final – sua condição de judeu. São ali expostos os sobrenomes do lado materno – Berncastel e Weil, característicos de judeus da Alsácia. É verdade que a judaicidade ocupa lugar proeminente na obra consumada, como mostram dois importantes personagens, Swann e Bloch, perfeitos antípodas. Swann é o judeu rico e sofisticado, bem recebido nas casas mais exclusivas e que não se intimida com a arrogância da aristocracia; Bloch é o judeu envergonhado das origens e subserviente frente aos poderosos, que termina por trocar de nome, assumindo uma falsa condição de nobre francês. A judaicidade está ainda presente nas menções ao caso Dreyfus, que galvanizou a sociedade francesa na época. Mas, assim como com a homossexualidade que permeia o romance, especialmente por meio de Charlus e Jupien, o narrador em nenhum dos casos se implica diretamente, descrevendo-as como um observador externo. Mitchell Abidor pensa que o manuscrito agora publicado permite concluir que a figura ridicularizada de Bloch, equiparado por Proust a uma hiena, seria uma autocaricatura.

O manuscrito estabelece de forma cabal a importância decisiva da biografia na obra de Proust, embora essa fosse uma questão sobre a qual não restassem dúvidas. Justamente nesse ponto, a disputa de Proust com Sainte-Beuve é significativa. Falecido dois anos antes do nascimento de Proust, Sainte-Beuve estabeleceu os parâmetros da crítica literária tal como a conhecemos. Um procedimento hoje corriqueiro, como estabelecer ligações entre a biografia e a obra do autor, foi uma inovação criada por ele, saudada pelos contemporâneos como uma atitude "científica", pois transpunha para o mundo cultural (os estudos sobre a criação literária) métodos próprios da história natural, constituindo assim uma "botânica literária". Com isso, Sainte-Beuve jogava luz num território fantasmagórico, até então ocupado por "musas" e "inspirações".

Proust alegava que Sainte-Beuve desconhecia que, ao lado do "eu superficial" presente no convívio social, há um "eu profundo" do escritor, que vive apenas em sua arte. George D. Painter, autor da biografia definitiva de Proust, diz que, no final da vida, provavelmente o escritor teria reconhecido a correção das observações do crítico.

É compreensível o desconforto de Proust com a tese de Sainte-Beuve sobre a importância da biografia do autor para a compreensão de sua obra, pois todo o seu projeto literário poderia ser considerado uma evidência da justeza da opinião do crítico, mas, se levada ao pé da letra, tal tese o reduziria à expressão mais simples e vulgar, anulando a transcendência implícita pretendida pela obra, que não é apenas um mero registro factual do vivido, mas uma complexa recriação deste, ampliando-o e universalizando-o, seguindo critérios estéticos e necessidades internas da obra e não as exigências da verdade biográfica.

As relações entre biografia do autor e obra literária, trazidas mais uma vez à tona com a publicação das 75 folhas, é um tema inesgotável e sempre atual, como mostram as discussões sobre a roupagem mais nova que o reveste, a autoficção.

31. Uma nova biografia de Jacques Derrida[1]

Jacques Derrida, filósofo judeu franco-argelino vitimado em 2004 aos 74 anos por um câncer de pâncreas, tem uma obra imensa e facetada, na qual faz uso do procedimento por ele criado e largamente disseminado com o nome de "desconstrução". Não são poucos o que o rejeitam como charlatão. Outros o consideram o maior filósofo do século XX, senão o maior filósofo de todos os tempos. Talvez por isso mesmo tenha alcançado um nível de celebridade equiparável ao dos popstars internacionais, algo até então impensável para um filósofo.

Derrida foi objeto de uma monumental biografia escrita por Benoît Peeters, lançada em 2012 e acolhida com entusiasmo.[2] Há um mês foi lançada uma outra, de Peter Salmon – *An event, perhaps: a biography of Jacques Derrida* (Verso, 2020) –, uma espécie de "biografia intelectual" que privilegia o percurso teórico traçado por Derrida na produção de sua obra, detalhando sua relação com os autores que mais o marcaram, especialmente Husserl, Heidegger, Lévinas e Freud.

É ampla a gama dos temas abordados por Derrida, como literatura, feminismo, pós-colonialismo, lei, psicanálise, política, cinema, teologia,

1 Publicado no suplemento "EU &" do jornal *Valor Econômico*, 22 jan. 2021.

2 Fiz uma resenha desse livro, publicada em *Coletânea psicanalítica*, desta editora.

arquitetura, amizade, doação de presentes, hospitalidade, estudos sobre a mídia, perdão, soberania, a relação dos homens com os animais e outros. Seu projeto não poderia ser mais amplo e audacioso: rever todo o edifício filosófico procurando ali detectar a incidência da "metafísica da presença", que, a seu ver, compromete todo o pensamento filosófico ocidental, levando a impasses e paralisias.

Para Derrida, o erro da metafísica está na aposta de que a verdade se encontra na palavra falada, validada pela presença de quem a profere (logocentrismo). Tal postura faz com que a escrita fique relegada a um plano secundário e seja equiparada à mentira. Derrida desconstrói tal afirmação defendendo que fala e escrita são dimensões equivalentes da linguagem e que, na verdade, a escrita, ao contrário do que os mestres defendiam, antecede a linguagem falada. Ao propor essa tese, Derrida se apoia nos modelos de aparelho psíquico criados por Freud e nos traços mnêmicos, os registros na memória das percepções e vivências afetivas.

A importância da palavra escrita será uma vertente constante na obra de Derrida, daí seu interesse pela literatura, afrontando a convicção estabelecida de que filosofia e literatura são incompatíveis entre si. Derrida mostra que a linguagem é uma sequência de metáforas que representam o mundo, sendo arbitrária a ligação entre palavra e coisa, portanto não se pode pensar numa linguagem "pura", como pensavam os filósofos sobre a linguagem da filosofia, atribuindo, consequentemente, uma "impureza" à linguagem da literatura.

Sua criação mais importante, a "desconstrução", consiste em tomar as oposições binárias classicamente estudadas na filosofia – bem/mal, belo/feio, verdadeiro/falso, real/fictício etc. – e mostrar como, nessa oposição, não há uma equivalência pacífica entre os dois termos, pois um deles é o representante do poder, prevalece e subjuga o outro, que passa a ocupar um lugar subalterno, desconsiderado. Uma das operações da desconstrução é inverter a relação, dar maior importância para o termo reprimido e observar as consequências lógicas daí decorrentes.

A desconstrução não destrói a "verdade", ela apenas diz que aquilo que se apresenta naquele momento como tal não o é, e estuda as forças sociais que sustentam essa apresentação.

A intervenção, que pode ter efeitos radicais, levou a acusações de que Derrida queria demolir os alicerces do pensamento filosófico e perverter a mente dos jovens, acusação semelhante à feita antes a Sócrates. Se agora não obrigaram Derrida a beber cicuta, muitos ataques lhe foram desferidos, o mais vergonhoso deles a insidiosa campanha empreendia por colegas que tentou impedir-lhe a outorga do título de doutor *honoris causa* pela Universidade de Cambridge.

Sua crítica à metafisica incluía, é claro, a ontologia, que se restringe ao levantamento daquilo que fenomenologicamente existe, do que é, do que está presente. Acompanhando Freud, Derrida entende que o ser em nenhum momento está inteiramente presente no presente, pois há uma dimensão inconsciente da qual não tem controle, sequer conhecimento, e por isso está simultaneamente "presente" e "ausente", ocupando o aqui e agora e também um outro lugar "espectral", assombrado pelo passado, pelas lembranças, pelos mortos – não só os mortos familiares, que estruturaram seu psiquismo via identificações, como também todos os mortos da humanidade, os que viveram e moldaram a realidade e a cultura antes dele. Derrida cria o neologismo "hantologie" (que em francês se assemelha foneticamente a "ontologie", que é seu oposto) para designar esse mundo espectral , que seria equivalente ao mundo fantasmático inconsciente descrito pela psicanálise.

Não é raro que psicanalistas recorram à filosofia para dirimir alguns impasses de seu arcabouço teórico. Talvez melhor fizessem se seguissem o exemplo de Derrida, que faz o oposto – recorre ao saber psicanalítico para resolver problemas filosóficos, mostrando como a psicanálise e a noção de inconsciente fazem caducar axiomas filosóficos longamente estabelecidos – um deles justamente o da "presença", já descrito – sem se intimidar com a tempestade desencadeada por tal afirmação, que persiste até hoje.

32. “O insuportável mau cheiro da memória”: algumas considerações psicanalíticas em torno de “Resíduos”, de Carlos Drummond de Andrade[1]

Resíduos[2]

De tudo ficou um pouco

Do meu medo. Do teu asco.

Dos gritos gagos. Da rosa

ficou um pouco

Ficou um pouco de luz
captada no chapéu.
Nos olhos do rufião
de ternura ficou um pouco
(muito pouco).

1 Palestra proferida no I Seminário de Literatura e Psicanálise: escritas da memória. no Departamento de Literatura da Pontifícia Universidade Católica de São Paulo (PUC-SP), em 25 de março de 2021.

2 Em função das leis referentes a direitos autorais, reproduzimos aproximadamente 30% permitidos. Sugerimos que os leitores procurem nos buscadores da internet a versão completa do poema.

...

Pois de tudo fica um pouco.
Fica um pouco de teu queixo
no queixo de tua filha.
De teu áspero silêncio
um pouco ficou, um pouco
nos muros zangados,
nas folhas, mudas, que sobem.

Ficou um pouco de tudo
no pires de porcelana,
dragão partido, flor branca,
ficou um pouco
de ruga na vossa testa,
retrato.

...

E de tudo fica um pouco.
Oh abre os vidros de loção
e abafa
o insuportável mau cheiro da memória.

Mas de tudo, terrível, fica um pouco,
e sob as ondas ritmadas
e sob as nuvens e os ventos
e sob as pontes e sob os túneis
e sob as labaredas e sob o sarcasmo

e sob a gosma e sob o vômito
e sob o soluço, o cárcere, o esquecido
e sob os espetáculos e sob a morte escarlate
e sob as bibliotecas, os asilos, as igrejas triunfantes
e sob tu mesmo e sob teus pés já duros
e sob os gonzos da família e da classe,
fica sempre um pouco de tudo.
Às vezes um botão. Às vezes um rato.

(Carlos Drummond de Andrade)

O poema "Resíduos", de Carlos Drummond de Andrade, lida com essa matéria-prima do psiquismo que é a memória. Pretendo aqui fazer um recorte do central papel ocupado por ela no arcabouço teórico e técnico da psicanálise, ressaltar sua importância nos processos criativos e, finalmente, fazer uma leitura analítica do próprio poema.

1

Lembremos que as primeiras descobertas de Freud sobre o inconsciente se deram com as histéricas, na medida em que ele percebe que seus sintomas, até então enigmáticos, estavam ligados a vivências antigas que a própria paciente havia "esquecido". A terapia consistia em recuperar essas memórias, devolvê-las ao registro psíquico consciente e, com isso, esvaziar sua expressão somática (paralisias, contraturas etc.).

As histéricas sofriam de "reminiscências". Freud referia-se às memórias escondidas, reprimidas, que estavam fora do comércio associativo, produzindo formações substitutivas, os sintomas somáticos, uma vez que não poderiam aparecer diretamente na consciência, em função da censura.

Era o primeiro esboço do aparelho psíquico vislumbrado por Freud, a compreensão de que o psiquismo não se limitava à consciência e seus conteúdos. Havia uma "outra cena", onde as lembranças eram armazenadas secretamente e de onde precisavam ser resgatadas, relembradas, integradas no fluxo dos pensamentos, para que deixassem de ter um valor patógeno.

A terapia psicanalítica ainda tem esses pressupostos básicos, embora a compreensão do que sejam memórias ou reminiscências tenha ficado progressivamente mais complexa. A postulação da existência de lembranças inconscientes transforma o conceito habitual de memória – registros imutáveis arquivados na consciência.

Por outro lado, ao descrever as "lembranças encobridoras", Freud mostra que mesmo as memórias conscientes que temos da infância são, na verdade, complexas estruturas marcadas pela repressão, pelo deslocamento e pela condensação, e necessitam – tal como o sonho – ser interpretadas para que se possa lhes compreender o sentido. De certa forma, todas as nossas memórias são "encobridoras" na medida em que sofreram o efeito da repressão e dos demais mecanismos de defesa, são o produto de filtros e distorções, restando no final algo recortado e provavelmente distante do inicialmente vivido ou percebido.

Mais ainda, a condição de incompletude e inconsistência da memória fica mais acentuada com a descoberta do *Nachträglichkeit, do après-coup*, do *a posteriori*, situação em que se constata que aquilo que tínhamos como memória pode ser completamente ressignificado ou transformado quando informações até então desconhecidas lhes são acrescentadas. Essa descoberta decorreu também do trato com as histéricas, quando Freud percebeu que, ao acontecer uma vivência traumática de sedução, ela é registrada, mas só posteriormente, ao viver uma experiência semelhante, o significado da primeira é plenamente compreendido, pois somente então o aparelho psíquico está habilitado para tanto.

Freud retoma essa observação anos depois ao escrever sobre a construção, que naquele momento ele considera um instrumento analítico mais potente até que a interpretação. A construção decorre da observação de que o paciente jamais poderia recordar suas memórias, não só por estarem reprimidas, distorcidas, disfarçadas pela censura, necessitando, pois, da ajuda do analista para recuperá-las, mas porque elas são muito remotas, se instalaram antes de estar o aparelho psíquico organizado. Elas não estão propriamente reprimidas, e sim cindidas, negadas, ou seja, sofreram a ação de mecanismos de defesa mais drásticos que a repressão, e é necessário que o analista as "construa" a partir de fragmentos que o analisando lhe apresenta, rompendo dessa forma a negação ou a cisão.

Assim, as memórias mais arcaicas não são *lembradas* pelo paciente, pois não foram *reprimidas*, e sim *cindidas* ou *negadas*. Elas são *construídas* pelo analista, e como envolvem experiências afetivas ocorridas em momentos pré-verbais, antes que a linguagem verbal tivesse se estruturado, o analista as capta por meio da identificação projetiva, dos sentimentos e afetos nele despertados pelo paciente, no interjogo da transferência e da contratransferência.

A construção mostra como é importante na análise a criação de hipóteses significativas que criem significados nos quais o paciente possa se reconhecer e que o ajudem a montar uma narrativa possível para aquilo que parece incompreensível e sem sentido de sua vida, sem querer com isso preencher o vazio do enigma da existência.

A questão da recuperação da memória se amplia com os estudos sobre o intersubjetivo e o trans-subjetivo, introduzidos com as concepções de "cripta" de Abraham e Torok, que mostram como memórias traumáticas de uma geração são escamoteadas para a geração seguinte. Ou seja, vergonhas insuportáveis, humilhações, sofrimentos de grande monta padecidos numa geração não são representados, simbolizados e contados como as demais histórias da família para a geração seguinte, o que não impede que, mesmo assim, eles sejam transferidos através dos silêncios e das falhas no discurso e exerçam um efeito deletério sobre ela. Os sujeitos da geração seguinte passam a sofrer de memórias que não são propriamente suas e sim de sua família, as quais cabe ao analista recuperar e reconstruir, integrando-as na consciência. Tal condição é frequente na psicanálise de família e casal.

Em seu livro *Mal de arquivo: uma impressão freudiana* (Ediouro, 2002), Derrida explora as alterações da memória, os arquivos, num enfoque mais social e político. Propõe que além das já mencionadas distorções da memória produzidas por censura, repressão e demais mecanismos de defesa, o esquecimento é expressão direta da pulsão de morte. Tal pulsão está em ação desde o começo da vida, transformando a vivência imediata da existência em marcas psíquicas, em traços mnêmicos, em registros de memória. A pulsão de morte desvitaliza (mata) a experiência, na medida em que a transforma em signos, marcas, registros psíquicos, mas, ao fazê-lo, paradoxalmente, cria condições para que se viabilize e prossiga a própria vida.

A pulsão de morte não para aí, continuando seu trabalho, apagando sistematicamente esses registros que ela mesmo produziu. Assim, a pulsão de morte age nas duas pontas: ao desvitalizar a experiência e transformá-la em registros psíquicos e ao tentar persistentemente apagar o próprio registro, o que Derrida chama de "mal de arquivo".

A memória, o arquivo, é um instrumento do poder. Na prática política, tal como no aparelho psíquico, os mecanismos de censura e repressão estão em ação, não como defesa para manter o equilíbrio mental, como ocorre a nível individual, e sim na luta para obter e manter o poder político.

Mas qual seria o teor, o conteúdo dessas memórias reprimidas? Elas estariam ligadas às experiências constitutivas de nossa subjetividade, quer sejam as mais arcaicas, as narcísicas ou as edipianas posteriores.

2

Melanie Klein especifica com maior profundidade os momentos arcaicos da relação primária do bebê com a mãe, os aspectos fusionais dessa relação, quando sujeito e objeto, mãe e bebê, estão fantasmaticamente fundidos num todo único. A memória mais traumática é a da separação dessa fantasiada fusão original, a perda de algo que, na verdade, nunca tivemos – o estado de plenitude, o paraíso. Carregaremos pela vida afora esse sentimento de perda. Na fantasia, o desejo procura restaurar esse estado de plenitude e completude, de fusão com o objeto.

A criatividade, segundo Melanie Klein, está ligada a essa situação emocional: a vontade do sujeito de recriar a fusão primária, de recriar o objeto perdido, de reparar o objeto atacado. De se reassegurar de que o objeto foi *perdido*, e não *destruído* por suas próprias pulsões agressivas, pois, ao contrário da idealizada fusão paradisíaca bebê-mãe, essa é uma relação tumultuada, de amor e ódio, de completa dependência e de ódio pelo poder real ou fantasiado da mãe. Ela é possuidora de todos os bens, enquanto o bebê é completamente vulnerável e necessitado de suas benesses, tendo de adivinhar o que ela quer e atendê-la para que não o deixe morrer à mingua.

A explicação kleiniana sobre a criatividade é interessante, pois postula que a criação, na verdade, é uma *recriação*, tese que Hanna Segal, seguidora e sistematizadora da obra de Melanie Klein, sustenta ao analisar a obra de Proust, a partir da qual afirma que o artista não *cria*, ele *recria* o mundo perdido, o objeto perdido. A citação de Proust de que "todo livro é um vasto cemitério" aponta nesse sentido: a partir dos cacos da memória, o autor recria seus entes queridos, o mundo perdido.

A ligação entre memória e inconsciente foi explorada por Proust ao propor a ideia de "memória involuntária". Walter Benjamin afirma que Proust transcende a ideia do tempo como a sucessão linear de eventos e o vê de forma como que circular, enroscada, enrolada, o que faz com que as memórias apareçam inesperadamente, ligando o momento presente a outros vividos anteriores, iluminando um largo espectro de vivências não acessíveis à memória consciente, objetiva, racional, pragmática. Algo próximo da associação livre tal como descrita por Freud.

O tempo convoluto, a emergência da "memória involuntária" seriam próprios à poesia, enquanto o tempo linear, à prosa.

3

"Resíduos" fala das experiências de perda. Muitas coisas foram perdidas e Drummond as lembra aleatoriamente a partir de uma mistura de fatos, acontecimentos, experiências, objetos, afetos. Alguma coisa se perdeu, a experiência original se foi, mas algo dela ficou na memória, na lembrança.

É evidente que o poeta não está falando de boas memórias a serem resgatadas e guardadas. Como são memórias más e destrutivas, é um alívio que delas reste tão pouco.

Ao contrário de Proust, que com tanto empenho se dispõe a reconstruir toda a sua vida por meio da escritura, expressando o desejo de reparar, de reconstruir os objetos internos atacados pela inveja (o bebê simultaneamente ama e odeia a mãe, é grato pelo que ela lhe dá e odeia dela depender), Drummond, de mau humor e com ódio, quer tapar o "insuportável mau cheiro da memória".

Por que em Drummond a memória exala um odor fétido e não perfumado como em Proust? Porque está ligada a memórias de ataques destrutivos direcionados à mãe, por ser ligada à pulsão de morte, e não à pulsão de vida, a Eros. Ainda bem que pouco ficou da memória dessa destruição e ela deve ficar selada em frascos que não devem ser abertos.

O "insuportável mau cheiro da memória" se manifesta na escolha das metáforas usadas na poesia, que paulatinamente abandona imagens mais evanescentes e delicadas e deixa surgirem imagens escatológicas, degradadas e degradantes, mais ligadas à pulsão de morte, à destruição e à violência.[3] O odor fétido da destruição causada pelo poeta. Culpado, ele se pergunta – terei o direito de ser lembrado depois de ter provocado tamanha destruição? Mereço que fique um pouquinho de mim em algum lugar do mundo?

"Resíduos" mostra a posição melancólica, a perda impossível de reparar pois não fica claro se objeto foi perdido ou destruído, imperando a culpa e a necessidade de punição.

---

3 Imagens de destruição, desarmonia, dissonância = asco, gritos gagos, rufião sem ternura, véus rotos, ponte bombardeada, maço vazio de cigarros, áspero silêncio, muros zangados, folhas mudas, pires de porcelana quebrado, dragão partido, perna de rã, torneira que pinga a gota absurda, vidro de relógio partido em mil esperanças, simplório arroto, víscera inconformada, cápsula de revólver, gosma e vômito, soluço, cárcere, rato.

33. A escrita da vida cotidiana: psicanálise fora da clínica[1]

A psicanálise "fora da clínica", mencionada no título de nossa mesa, ou a "mente na linha de fogo", mote do recente congresso da Associação Psicanalítica Internacional (IPA) em Cartagena, ou ainda o podcast *IPA off the couch* a meu ver são três evidências de uma mudança política institucional significativa, visando inserir a psicanálise na discussão de questões públicas e sociais. Essa é uma questão que acompanha a psicanálise desde os seus primórdios e que atingiu o auge durante o nazismo, que destruiu a psicanálise na Alemanha e forçou o exílio dos analistas que não foram assassinados, não sem que houvesse, no início, negociações e conceções por parte dos analistas visando preservar a psicanálise e suas vidas, como lembrou o prefeito de Hamburgo na abertura do primeiro congresso psicanalítico em solo alemão depois da guerra, em 1985.[2]

---

1 Apresentado na mesa "A escrita na vida cotidiana – psicanálise fora da clínica", no 29º Congresso Brasileiro de Psicanálise da Federação Brasileira de Psicanálise (Febrapsi), em Campinas, 1-4 nov. 2023.

2 Frosh, S. (2010). *Psychoanalysis Outside the Clinic: Interventions in Psychosocial Studies*. Red Globe Press.

Jacques Derrida, no 2º Encontro dos Estados Gerais da Psicanálise, realizado em Paris, em 2000, defendeu vigorosamente o retorno da psicanálise ao debate político. Afirmou então ser imprescindível a colaboração do pensamento analítico em três fundamentais pilares da sociedade – a ética, a política e o direito. Lembra ele que, ao lado da conhecida resistência que o mundo oferece à psicanálise, é importante que ela se dê conta da resistência que ela própria oferece ao mundo e a si mesma.[3]

Segundo Frosh, ao ir para "fora da clínica", a psicanálise assume que, de fato, possui um poder heurístico interpretativo grande demais para ficar restrito ao campo terapêutico e reconhece que, apesar das eventuais objeções, está amplamente estabelecido ser ela hoje um indispensável instrumento para a compreensão das ciências humanas e sociais. Uma outra consequência de sua saída para "fora" é perceber que sua capacidade interpretativa do social tende a assumir uma conotação de crítica ao poder, o que gera uma tensão entre o disruptivo próprio de suas descobertas e a tradicional postura institucional conformista ou burocratizada, que a mantém na retaguarda.[4]

Frosh alerta para o que chama de tendência "colonialista" da psicanálise ao se aproximar dos demais campos de conhecimento. Em função de sua força, a psicanálise tende a colonizar, a estabelecer uma relação de amo e escravo com os demais saberes, sem facilitar o franco comércio com eles. Ela tende a fertilizá-los, sim, mas sem se deixar fertilizar por eles. A abertura para o "fora" tenta, justamente, corrigir essas distorções, como ao reconhecer a necessidade de dar mais ênfase às questões de classe social, gênero e raça, que até recentemente recebiam pouca atenção.

---

3 Derrida, J. (2001). *Estados-da-alma da psicanálise: o impossível para além da soberana crueldade*. Escuta.

4 Frosh, S. (2010). *Psychoanalysis Outside the Clinic: Interventions in Psychosocial Studies*. Red Globe Press.

Nessa mesa de escritores, parece-me que nos cabe falar de nossa escrita enquanto prática da psicanálise "fora da clínica". Nosso modelo, como sempre, é Freud, com seu inaugural "Psicopatologia da vida cotidiana", no qual, de forma acessível ao grande público, mostrou a presença do inconsciente "fora", a céu aberto, em condutas, conversas, comportamentos de pessoas nas mais diversas situações, demonstrando que essa dimensão do psiquismo é universal, compartilhada por todos e não apenas por aquelas pessoas que apresentam transtornos psíquicos.

Muitos de nós seguimos seu exemplo. Ocupamos posições na mídia, analisando e interpretando aspectos da vida sociocultural e política, visando divulgar o conhecimento analítico.

Pessoalmente, continuo achando a leitura analítica de filmes e livros um excelente veículo para mostrar ao público como funciona a mente do analista ao produzir suas interpretações e suas construções, na medida em que o material interpretado está franqueado a todos. Para tanto, procuro escolher sempre filmes nos quais a conflitiva inconsciente seja decisiva no desenvolvimento do enredo e que tenham uma estrutura narrativa original, que nos proporcione também um gozo estético. Lars von Trier, Terrence Malick, Peter Greenaway, David Lynch e Jean-Luc Godard, diretores que admiro, são alguns bons exemplos dessa escolha. É claro que essa seleção não implica a exclusão de filmes de corte mais popular.

Alguns anos atrás, quando comecei a publicar meus textos na imprensa, a interpretação analítica de filmes e livros era vista com reticências, a dita "análise aplicada" era condenada, julgava-se que não se podia interpretar "fora da clínica". Com o tempo, as objeções caducaram. Glenn Gabbard há muito criou uma seção sobre cinema no *International Journal of Psychoanalysis*, há poucos meses foi criado o Freud Film Club no Freud Museum de Londres e hoje são inumeráveis os grupos de cinema e psicanálise, o que acho muito bom. E hoje estamos aqui reunidos justamente sobre a égide da psicanálise "fora da clínica", justamente o que era antes anatematizado.

Nossa escrita está a serviço da psicanálise, no intuito de divulgá-la e defendê-la dos recorrentes ataques. Mas a psicanálise a impregna por outras vias. Ela nos dá elementos para investigar as fontes de nossa criatividade, as motivações inconscientes do desejo de escrever, os temas que escolhemos, a forma que usamos para expressá-los.

Por sua vez, a proximidade entre psicanálise e literatura é amplamente reconhecida e bem explorada, na medida em que ambas se apoiam na linguagem e visam à compreensão da alma humana. Essa proximidade, no entanto, provoca rusgas.

Uma delas é a já citada postura colonizadora da psicanálise, que age como se estivesse de posse de todos os "segredos" da literatura. Aqui cabe, sim, a crítica contra a "aplicação" da psicanálise, ou seja, a imposição imperial de seus conhecimentos a um outro campo, sem levar em conta as peculiaridades ali envolvidas e o quanto poderia ser alterada por aquele contato. Em vez de "aplicação", cabe falar em "implicação".

A proximidade entre literatura e psicanálise é tanta que alguns teóricos julgam ser a psicanálise um "novo gênero literário". Como relembrado por Frosh, Lionel Trilling diz que Freud contribui com a literatura ao trazer sua visão trágica da natureza humana e ao mostrar o funcionamento "poético" da mente humana, uma vez que ela obedece às leis literárias da metáfora e da metonímia (condensação e deslocamento), enquanto Steven Marcus, ao escrever sobre o caso Dora, afirma que Freud criou um novo gênero literário, o da história de caso (*case history*). Marcus aponta várias técnicas literárias modernistas usadas por Freud, como a figura do "narrador não confiável" e uma estrutura narrativa fragmentada a ser reconstruída.[5]

É grande a semelhança entre a associação livre e o chamado "fluxo de consciência", técnica literária inovadora utilizada amplamente por Joyce, Virginia Woolf e Proust, apesar de teóricos e os próprios escritores

5 Frosh, S. (2010). *Psychoanalysis Outside the Clinic: Interventions in Psychosocial Studies*. Red Globe Press.

não estabelecerem um nexo direto entre os dois procedimentos. Atribui-se a criação do "fluxo de consciência" ao escritor francês Èdouard Dujardin. Entretanto, Ellmann, biógrafo de Joyce, relata que uma amiga próxima de Joyce o censurava acerbamente por nunca ter reconhecido publicamente sua dívida para com Freud.[6]

Por sua vez, ainda evidenciando a proximidade entre psicanálise e literatura, o próprio Freud em *A interpretação dos sonhos* refere-se ao poeta alemão Schiller como um precursor da associação livre.

Steve Marcus vai além, como destaca Frosh, dizendo que "A psicanálise não é literária apenas por se expressar de forma narrativa, mas por tratar os pacientes como seres literários, personagens em busca de histórias que façam sentido e que lutam com a linguagem para consegui-lo" (p. 74), enquanto Peter Brooks pensa que, em "Além do princípio do prazer", Freud tenta criar um modelo narrativo para a própria vida, manejando a pulsão de vida e a pulsão de morte como personagens em conflito, à procura de um desfecho definitivo.[7]

Já Lacan, como é sabido, enfatiza a ligação da psicanálise com a linguagem, mas não se debruça especificamente sobre a literatura, a não ser no trato do conto de Poe, "A carta perdida", que deu margem a uma polêmica famosa com Derrida.[8]

Por fim, não é novidade que a psicanálise tem influenciado fortemente a produção literária com seus temas e sua visão de mundo, como mostra, por exemplo, a obra de Phillip Roth, explicitamente em livros com *O complexo de Portnoy*, *Minha vida como homem*, *O seio*.

Mas tudo isso o próprio Freud já havia reconhecido ao dizer que seus casos clínicos mais pareciam contos literários que relatos científicos.

---

6 Ellmann, R. (1989). *James Joyce*. Globo.

7 Frosh, S. (2010). *Psychoanalysis Outside the Clinic: Interventions in Psychosocial Studies*. Red Globe Press.

8 Derrida, J. (2007). *Cartão-postal: de Sócrates a Freud e além*. Civilização Brasileira.

Se os casos clínicos parecem contos literários – e eu mesmo escrevi um livro de casos baseado nesse pressuposto[9] –, vale também o reverso: a escrita literária pode parecer um tratamento analítico. Enquanto escrevia seu romance *Ao farol*, Virginia Woolf disse: "Suponho que fiz por mim mesma o que os psicanalistas fazem por seus pacientes. Expressei algumas emoções sentidas profundamente por muito tempo. E ao expressá-las, eu as expliquei e pude então finalmente deixá-las de lado" (p. 71).[10]

Virginia Woolf aponta para a dimensão terapêutica da escrita em si. É um momento em que o ego organiza o tumulto interno e toma o controle, contém a angústia, a confusão e o medo, dispondo-os ordenadamente num texto escrito. Não é à toa que a prática de escrever diários, compreensivelmente tão frequente na adolescência, é habitual entre escritores, que nele depositam a ganga bruta da qual sairá depurado o ouro de suas obras. A escrita de um diário pode se assemelhar ao exercício de uma autoanálise.

A dimensão autobiográfica própria dos diários é valorizada por Derrida. Ele afirma que – em seu caso pessoal – o desejo de escrever teve conotações eminentemente autobiográficas. Suas considerações podem ser generalizadas. O sujeito descreve a si mesmo, suas contingências, faz confidências, confissões; diz o que é, como é, por que é. Mas logo se dá conta de que pode ir além daquilo que *de fato ocorreu*: seu pensamento pode focar naquilo que *não ocorreu*, no que *poderia ter ocorrido*, e, assim, a escrita autobiográfica cede espaço para a escrita ficcional, regida não mais pela suposta realidade histórica, e sim pela fantasia, pelo desejo.[11]

A importância do gênero autobiográfico na escrita literária, que aproxima a literatura da psicanálise, levanta algumas questões para

9 Telles, S. (2023). *Fragmentos clínicos de psicanálise*. Blucher.

10 Frosh, S. (2010). *Psychoanalysis Outside the Clinic: Interventions in Psychosocial Studies*. Red Globe Press.

11 Derrida, J. (1992). *Acts of Literature*. Routledge.

Derrida. Pergunta-se ele: é possível alguém escrever uma autobiografia, ou seja, escrever sua própria história, se a parte mais verdadeira dessa história está reprimida? Mais ainda, pode ele afirmar ser autor de sua própria história? Ou a história que ele julga ser a sua lhe foi contada pelo Outro? Trata-se de uma autobiografia ou uma otobiografia? Sua história é o que houve ou a que ouviu?[12]

Sabemos que há vários tipos de escrita. O que distingue a escrita literária de todas as outras? Como distinguir a escrita literária da escrita psicanalítica?

Derrida tem extensos textos sobre literatura. Ele a rastreia desde os debates de Platão sobre a palavra falada e a escrita, a primeira entendida como logos e verdade, a segunda como mimésis e mentira. Seria essa discussão um dos elementos básicos de seu ambicioso projeto de crítica à metafísica que permeia toda a filosofia ocidental.

Num de seus escritos, afirma que o que distingue a escrita literária das demais é o fato de que ela permite "dizer tudo, dizer qualquer coisa" – "*tout dire*" em francês.[13] Esse "tudo dizer" significa que a literatura pressupõe uma liberdade total de expressão para dizer a verdade.

Essa liberdade, esse "tudo dizer" ou "dizer qualquer coisa", deve ser entendida como um *princípio*, pois na realidade há muitos impedimentos, quer seja os imediatamente postos pelos poderes ou autoridades vigentes, que se sentem ameaçados pela verdade, ou os de ordem afetiva, pessoal, que restringem em muito a ação dessa liberdade.

Penso que o "dizer tudo" ou "dizer qualquer coisa" da literatura tem uma proximidade com as recomendações freudianas sobre a associação livre – quando o paciente é informado pelo analista que deve "dizer tudo" na sessão. O "tudo dizer" na análise traz um paradoxo, pois o analista, ao propô-lo, sabe de antemão que há uma impossibilidade

---

12 Derrida, J. (1988). *The ear of the Other – Otobiography, Transference, Translation*. University of Nebraska Press.

13 Derrida, J. (1992). *Acts of Literature*. Routledge.

estrutural de que seja cumprido, uma vez que os mecanismos de defesa (repressão, cisão, negação, projeção, não representação etc.) impedem o acesso aos conteúdos inconscientes.

O impedimento estrutural de "dizer tudo" na análise e na autobiografia talvez não ocorra na literatura. Ali essa dificuldade seria driblada com a figura do "narrador onisciente", que tudo sabe, inclusive os desejos e as motivações inconscientes dos personagens.

E o que seria esse "tudo dizer" compartilhado pela literatura e pela psicanálise? Talvez se refira às nossas insuportáveis verdades mais íntimas, nós que somos vorazes canibais matricidas kleinianos, empedernidos parricidas freudianos, fratricidas kancyperianos, seres bionianos mergulhados no caos de evanescentes emoções à procura de uma forma de expressão, enfim – somos sujeitos cheios de culpa em busca de punição, procurando uma possível redenção com a reparação dos crimes realizados.

O "tudo dizer" da literatura tem ainda uma semelhança com a parrésia dos gregos, retomada por Foucault em seus últimos estudos. A parrésia é a coragem do homem comum de "tudo dizer" aos poderosos, gesto que o coloca imediatamente em grande risco, mas que não o impede de fazê-lo. É a atitude altaneira do homem livre, oposta à bajulação e à submissão, atitudes próprias de escravos e subalternos.

Um exemplo literário recente de parrésia é o escritor austríaco Thomas Bernhard, cuja implacável escrita expôs de maneira muito direta e corajosa os desvios da sociedade austríaca frente ao nazismo, o que lhe trouxe não poucos dissabores.

Voltando à questão da diferença entre a escrita literária e escrita psicanalítica, acredito que a literatura, com sua abertura e seu descompromisso a não ser com ela mesma e os vários níveis de significados e aspectos formais da linguagem, é o contrário de um texto científico, que se esforça para transmitir uma informação específica e definida. É o que ocorre com a escrita psicanalítica, que tem um objetivo determinado – a transmissão do seu saber. Isso sem mencionar a dimensão ética, pois a psicanálise – em sua dimensão terapêutica – tem responsabilidades específicas no trato com seres humanos.

Dando um exemplo pessoal, na escrita de meus casos, embora esteja atento a seu aspecto narrativo formal, meu objetivo precípuo é o reproduzir o mais fielmente possível o ocorrido na sessão, algo muito diferente do que quando escrevo um texto literário, ficcional, que me exige uma fidelidade exclusiva ao texto e a nada mais.

Isso não quer dizer que analistas estejam impedidos de usar os recursos linguísticos e literários em seus relatos clínicos e teóricos, como fez Carolina Scoz no texto que recebeu merecidamente o Prêmio Mario Martins, outorgado agora pela Federação Brasileira de Psicanálise (Febrapsi). Sem mencionar o próprio Freud, que, com seus escritos, recebeu o Prêmio Goethe de literatura.

34. *O mal-estar na civilização*, 90 anos depois[1]

Em "Um estudo autobiográfico", Freud diz que a partir de 1923 seu interesse maior deixou o campo da clínica e se voltou para os fenômenos socioculturais. Dos escritos sobre essa temática, *O mal-estar na civilização* é o mais amplamente difundido e comentado. Lançado em 1930, faz agora 90 anos mantendo o vigor de suas ideias.

A tese central da obra é que somente a repressão das pulsões sexuais e agressivas torna possível a convivência entre as pessoas, a preservação da sociedade e suas realizações culturais. A repressão gera um mal-estar, preço inevitável que o homem paga por ter deixado o reino da natureza e ingressado no mundo simbólico, na civilização. Essa repressão é fruto da internalização do complexo de Édipo, com a consequente formação do superego, o que configura o mal-estar como um onipresente sentimento de culpa.

As pulsões reprimidas exercem pressão em busca de satisfação, colocando em risco a civilização e suas conquistas. A ameaça maior vem de Tânatos, a pulsão de morte, geradora da destrutividade, da violência humana. Descarregada no mundo externo, a pulsão de morte ataca os outros e a própria sociedade, como nas guerras, sua manifestação

---

1 Publicado no suplemento "EU & Fim de Semana" do jornal *Valor Econômico*, 28 ago. 2020.

mais brutal. Dirigida para o mundo interno, se volta contra o próprio sujeito, aumentando o mal-estar, pois reforça o superego. A pulsão de morte deve ser contrabalançada por Eros, as pulsões de vida.

Freud via com ceticismo as utopias que prometem a felicidade para os povos por meio de mudanças estruturais na organização social, como fez a revolução russa, que acreditava ser possível construir um novo homem ao abolir a propriedade privada, tida como a corruptora de sua natureza originalmente boa. Diz Freud:[2]

> *Não estou interessado em nenhuma crítica econômica do sistema comunista, não posso investigar se a abolição da propriedade privada é conveniente ou vantajosa. Mas sou capaz de reconhecer que as premissas psicológicas em que o sistema se baseia são uma ilusão insustentável. . . . A agressividade não foi criada pela propriedade. Reinou quase sem limites nos tempos primitivos, quando a propriedade ainda era muito escassa, e já se apresenta no quarto das crianças, quase antes que a propriedade tenha abandonado sua forma anal e primária; constitui a base de toda relação de afeto e amor entre as pessoas.*

A agressividade tem uma base pulsional e os aspectos anais da propriedade se assentam no arcaico desejo de posse do objeto amoroso, dialética que se instala nos momentos de constituição do sujeito, quando a fusão mãe-bebê se desfaz e o bebê deseja ter a mãe só para si, ser seu "proprietário". São afetos profundos que não são abalados por mudanças na realidade externa. Além do mais, pensar que a distribuição equitativa da propriedade poria fim às diferenças e à hostilidade entre os homens, lembra Freud, não passa de uma fantasia distante da realidade. Diz ele:

> *Certamente, se se fizer uma tentativa para basear esta luta numa exigência abstrata, em nome da justiça, da igualdade*

---

2 Freud, S. (1996). O mal-estar na civilização. In *Edição Standard Brasileira das Obras Psicológicas Completas de Sigmund Freud* (Vol. XXI, pp. 67-148). Imago.

> *para todos os homens, existirá uma objeção muito óbvia a ser feita: a de que a natureza, por dotar os indivíduos com atributos físicos e capacidades mentais extremamente desiguais, introduziu injustiças contra as quais não há remédio.*

Ou seja, a forma absolutamente aleatória e "injusta" com que a natureza distribui os dons de beleza e inteligência continuaria gerando privilegiados e desprivilegiados, mantendo motivos para a competição, a rivalidade, a inveja e a luta entre os homens.

A derrocada da utopia soviética mostra como Freud estava certo em seu ceticismo. Na mesma linha, pode-se acrescentar que é equivocado pensar que a liberdade sexual pode advir de mudanças na organização social, como fez Marcuse nos anos 1960. Embora tenha havido grande transformação na moral sexual nas últimas décadas, na qual a psicanálise teve importante papel, a sexualidade humana jamais será "livre", pois não é uma atividade instintiva como nos animais. Mergulhada no mundo simbólico e em suas leis, ela é produto de complexos circuitos psíquicos inconscientes.

O ceticismo de Freud não deve ser confundido com conservadorismo político, indiferença com as injustiças sociais ou descrença em mudanças. Apenas julgava que as mudanças decisivas no homem, das quais decorrem as demais, se dão em seu mundo interno, na compreensão de seus desejos inconscientes.

Toda a prática psicanalítica visa mostrar os padrões infantis inconscientes da mente, responsáveis por tantos comportamentos regressivos, entre eles o secreto anseio por pais fortes e protetores, procura que se atualiza nas relações com líderes, governantes e políticos de modo geral, com graves consequências. Na medida em que estimula o espírito crítico e a desidealização, a psicanálise possibilita o aparecimento de cidadãos conscientes e atuantes, que podem escolher de forma mais realística e objetiva seus dirigentes políticos, sem confundi-los com figuras paternas.

35. Maratonando séries nos streamings: voracidade contemporânea?[1]

Quero dizer que me sinto grato e honrado com o convite de José Luis Tavares para fazer parte dessa mesa, que tem um tema tão interessante. Embora eu mesmo seja um praticante assíduo do ato de maratonar séries do streaming, até o convite do José Luis não havia me detido sobre os vários aspectos envolvidos nesse hábito.

Ao fazê-lo, a primeira coisa que notei foi algo ligado à linguagem, à forma como é denominado. Aqui no Brasil, como mostra o título de nossa mesa, nos referimos a ele como "maratonar". Nos Estados Unidos, além do "*marathon viewing*", equivalente ao nosso maratonar, é também chamado de "*binge-watching*".

É interessante compararmos os dois termos. "*Binge*" implica uma atividade praticada de forma desmedida, um excesso, uma desmesura, um farrear, um comportamento descontrolado e compulsivo. "Maratonar", por sua vez, evoca o comedimento, a contenção, a disciplina esportiva, o manter o foco numa atividade dirigida, o ter uma missão e levá-la a cabo com o maior empenho possível.

1 Debate realizado em 1º de março de 2024 patrocinado pelo Centro de Estudos Psicanalíticos (CEP) de São Paulo.

As conotações opostas das duas denominações talvez forneçam pistas a respeito dos sentimentos que tal comportamento desencadeia em seus praticantes. "*Binge*" aponta para a total falta de limites, o se entregar a um impulso incontrolável, o se deixar levar sem resistência e sem medir consequências. "Maratonar" implica o comportamento oposto, leva ao rigor do esforço dirigido. Por isso mesmo, nesse caso específico, o uso de tal palavra pareceria indicar a manifestação de uma formação reativa ou de uma negação do ato a que ela se refere. Assim, seria mais pertinente usarmos o "*binge*", o farrear, o ter um comportamento compulsivo, excessivo, descontrolado, que me parece estar mais próximo da realidade psíquica própria a esse comportamento.

Em inglês, "*binge*" é usado para descrever vários desses comportamentos, além da compulsão de ver séries de streaming. Assim, temos a compulsão alimentar ("*binge-eating*"), com suas vertentes de anorexia e bulimia, a compulsão de beber ("*binge-drinking*"), a compulsão consumista de fazer compras ("*binge-shopping*"), a compulsão por jogos de azar ("*binge-gambling*" ou "*binge-gaming*"), a compulsão de consultar o celular ("*binge-scrolling*") e a compulsão de ler ("*binge-reading*"). Tais comportamentos compulsivos não são novos, mas, atualmente, adquiriram uma outra dimensão e intensidade, a ponto de o psicanalista italiano Domenico Cosenza, em consonância com outros autores, caracterizar a contemporaneidade como produtora de uma "clínica do excesso", título de seu livro.

De fato, nossa contemporaneidade se caracteriza pelo excesso em função de vários fatores. Em primeiro lugar, a produção exorbitante de bens de toda ordem, o que causa grande desperdício e impacto no meio ambiente. A isso se junta a ideologia do consumo, estimulada incessantemente pela propaganda. A tecnologia digital, que se propagou universalmente, permite um excesso de informação e entretenimento, provocando uma indiscriminação entre o relevante e o trivial na divulgação de notícias e conhecimentos. Os excessos, a abundância e os desperdícios convivem com a penúria, a fome e a miséria em função da persistência das grandes desigualdades sociais.

Na contemporaneidade, vive-se importantes mudanças nos usos e nos costumes. A ideologia do consumo estimula a gastança, o esbanjamento, a dissipação das poupanças, leva ao abandono dos antigos hábitos de moderação e contenção de despesas. Na moral pública, diminui a pressão repressiva e impõe-se o imperativo de gozar.

Esse quadro tem múltiplas causalidades, entre elas as mudanças na organização da família, o enfraquecimento da figura paterna, das estruturas superegoicas e de ideal de ego, fatores que facilitam a persistência das relações fusionais narcísicas com a mãe, que geram patologias de características orais, como a voracidade, a falta de limites, o contato precário com as frustações trazidas inevitavelmente pela realidade.

Vou dar um exemplo dos excessos próprios da contemporaneidade que vivenciei ao escrever esse texto. Pesquisando sobre "*binge-watching*" na JSTOR, me surpreendi com a grande quantidade de trabalhos acadêmicos sobre o tema – 2.735 para ser preciso. Sobre "contemporaneidade", havia 24 mil. E 1.051 sobre "contemporaneidade e psicanálise".[2]

Como ver isso? Em primeiro lugar, a própria existência da JSTOR é uma expressão da contemporaneidade. Essa plataforma estadunidense privada atende a seus assinantes, mas disponibiliza gratuitamente o acesso mensal a 100 artigos de um imenso acervo de textos acadêmicos. É algo só possível com a internet, a revolução digital, a divulgação gratuita de conhecimento. Por outro lado, a quantidade de artigos disponíveis expressa o excesso que nos cerca na contemporaneidade, expondo os impasses que ele provoca.

Como o sujeito se posiciona frente a essa pletora de informação? Ao mesmo tempo que é estimulado a ampliar sua pesquisa, ele se vê invadido por um sentimento de impotência e desorientação frente à magnitude da tarefa que se lhe apresenta. (Diga-se de passagem, o mesmo ocorre com as próprias series no streaming, a oferta é tão grande que o expectador se perde na escolha).

2 Dados de 20 de fevereiro de 2024.

A solução que encontrei foi escolher, após uma triagem sumária entre os sumários de tantos trabalhos, alguns poucos que abordavam aspectos que me pareceram pertinentes para nossa discussão.

Um deles especula qual o significado da prática do "*binge-watching*". Mostram os pesquisadores que os usuários se dividem em dois grupos. De um lado, os que apreciam e se divertem com a atividade, que é programada com antecedência e organizada por um grupo de amigos. A atividade é valorizada por todos, pois lhes proporciona a convivência, a sociabilidade, a amizade. O outro grupo é formado por indivíduos que praticam o "*binge-watching*" de forma solitária, isolada, sem compartilhá-la com amigos. Por revelar uma dificuldade social, tais indivíduos se envergonham do "*binge-watching*" e tendem a escondê-lo. Ou seja, para os autores, o que está em jogo não é tanto a atividade em si, mas a forma como ela se insere na realidade social e afetiva dos expectadores.[3]

Outro artigo mostra que o "*binge-watching*" é uma nova forma de narrar com características específicas, diferentes das de outros produtos de entretenimento como filmes e programas de televisão. É uma produção que visa estimular a permanência do expectador por longos períodos frente à mídia que a exibe. Assim, o artigo mostra que não há surpresa no comportamento compulsivo, voraz ("*bingeing*"), do expectador das séries, pois essa é a reação esperada, desde que tal produto foi criado exatamente com esse objetivo.[4]

Devemos lembrar que as séries em pauta, que são produtos de ponta de nossa contemporaneidade tecnológica, tendo seus roteiros comandados por algoritmos e divulgados em plataformas de streaming via internet, têm uma longa história pregressa, que se perde na noite dos tempos. Desde seus primórdios, a humanidade conhece a

3 https://www.jstor.org/stable/10.3366/j.ctv27qzrrt.13

4 https://www.nytimes.com/2015/12/20/arts/television/streaming-tv-isnt-just-a-new-way-to-watch-its-a-new-genre.html

atividade de contadores de histórias, que se mantém desde então. As séries de streaming são apenas a versão mais recente e tecnológica dessa atividade, como foram e continuam sendo os folhetins dos jornais, os seriados de cinema, as novelas de rádio e televisão etc.

Gostaria agora de me deter um pouco sobre o próprio conceito de contemporaneidade, uma vez que ele nos remete a uma dimensão da temporalidade, tema que é muito caro à psicanálise.

O conceito de contemporaneidade não é de fácil caracterização. Do ponto de vista histórico, para alguns ela marcaria a época que se inicia no período pós-revolução francesa até nossos dias, enquanto para outros viria depois do modernismo e do pós-modernismo. Mas tentar fixá-la num tempo histórico falseia sua característica mais importante, pois a contemporaneidade não apenas indica uma etapa fixa da história, sendo mais apropriado vê-la como o alinhamento temporal de diferentes eventos, ideias, movimentos artísticos que ocorrem simultaneamente em vários lugares, em um tempo determinado.

A contemporaneidade é uma dimensão da temporalidade que evoca o tempo presente, e sabemos que a psicanálise problematiza a questão do tempo presente ao afirmar que carregamos conosco o inconsciente e sua carga de fantasmas do passado, que permanentemente invade nosso cotidiano, nossa atualidade, sem falar das fantasias ligadas ao tempo futuro, que também ocorrem no tempo presente. Assim, a experiência psicanalítica aponta para a dificuldade que é estabelecer os limites entre as três dimensões convencionais do tempo – passado, presente, futuro.

À sua maneira, Freud retoma as três categorias que os filósofos gregos usavam para falar do tempo – Kronos, Aion e Kairós. Kronos é o tempo cronológico, linear, que se organiza numa sequência sucessiva, por exemplo, como aparece nas fases de evolução da libido; Aion é o tempo circular do eterno retorno nietzschiano, da compulsão à repetição; e Kairós é o agora, o momento oportuno de agir, o que provoca mudanças, o momento do *insight*, da epifania, do *Nachträglichkeit*, que provoca uma reordenamento da memória e da compreensão.

A psicanálise, pois, mostra que a contemporaneidade não está restrita ao tempo presente, envolvendo necessariamente o tempo passado, pois o presente e o passado coexistem simultaneamente em função do inconsciente. Há uma contemporaneidade do infantil com o adulto. Por outro lado, a compulsão à repetição se opõe diretamente ao conceito de presente, ou seja, de contemporaneidade.

Nós, analistas, sabemos que nunca estamos inteiramente "presentes" no presente, nós nunca somos inteiramente "contemporâneos" ao presente. Estamos permanentemente transitando em tempos outros trazidos pela memória, que não é um depósito de lembranças estáveis, e sim uma criativa inventora,[5] como diz Braunstein.

Dentro dessa linha, Derrida desenvolve (especialmente em seu livro *Espectros de Marx*)[6] a ideia de que o tempo está "fora dos eixos" ("*out of joint*"), acompanhando a formulação de Hamlet. Para tanto, Derrida forja o conceito de "*hantologie*" (em inglês *hauntologie*), termo que cunhou a partir da homofonia em francês entre "*hanté*" (assombrado) e o início da palavra "*ontologie*", referindo-se à persistência de elementos do passado no presente, à forma espectral, de assombração que eles assumem. (A tradução para o português como "espectografia" ou "obsidiologia" perde completamente o sentido dado por Derrida). Dessa maneira, o passado "assombra" o presente, eliminando as noções lineares de tempo e de ser.

A "hantologia" aponta como questões não resolvidas do passado influenciam o presente, moldando as identidades, as práticas culturais e a memória coletiva. Ela é particularmente relevante no atual contexto globalizado, em que diferentes temporalidades coexistem, e especialmente nessa época de digitalização, que possibilita a incessante reprodução e circulação instantânea de arquivos e memórias.

5 Braunstein, N. A. (2008). *La memoria, la inventora*. Siglo XXI.

6 Derrida, J. (1994). *Espectros de Marx*. Relume-Dumará.

O conceito de "hantologia" mostra a influência de Freud no pensamento de Derrida, e se aproxima do conceito de transgeracional, que, como a compulsão à repetição, também mostra como no presente coexistem diferentes camadas de tempo, diferentes temporalidades. A noção derridiana de hantologia é também muito próxima da ideia de Agamben sobre a contemporaneidade, descrita por ele como "uma constelação de temporalidades".

Tais conceitos são de importância fundamental para pensarmos a respeito de memória, identidade, consciência histórica e o impacto da tecnologia em nossa experiencia de tempo e existência.

Citando Roland Barthes, Agamben diz que a vivência do contemporâneo não é a vivência do presente, e sim a percepção de um incômodo provocado pela dificuldade de se posicionar no tempo, na medida em que ele está em permanente movimento, gerando no sujeito a sensação de estar fora de hora, do inoportuno, a dificuldade de se situar no antes ou no depois. Tais formulações de Agamben estão em perfeita consonância com o "the time is out of joint" de Hamlet resgatado por Derrida.

Isso fica especialmente claro quando Agamben analisa a moda. "O que é 'estar na moda'?", pergunta ele. Quando alguém afirma "estar na moda", ele já está um pouco "fora da moda", pois a moda é fugaz, fugidia, movediça, está sempre à frente do tempo presente, já está noutro lugar.

Essa é uma questão especialmente espinhosa quando lembramos que, além daquela ligada ao vestuário, há várias "modas" em andamento, como as "modas" de ideias, de ideologias vigentes em determinados momentos históricos. Em nossa contemporaneidade, para manter em movimento o consumo, a propaganda enaltece e idealiza o "novo", tornando sem valor e descartável algo que passa a ser considerado "velho". Quando lembramos que a cultura e a civilização são o depurado de séculos de história, ou seja, são "velhas", vemos o perigo intrínseco nessa "moda" ideológica.

Em psicanálise hoje, é frequente vermos a "teoria queer" se apresentar como o "novo" e tratar a teoria analítica como o "velho" a ser descartado. Como lidar com isso?

Algo semelhante se dá com as políticas identitárias, a luta contra o racismo e pelos direitos das minorias sexuais. São causas dignas e legítimas, mas o vigor com que são defendidas muitas vezes transcendem o razoável e ingressam no campo das crenças religiosas, gerando grandes polaridades. Sabemos, como analistas, que tais polaridades facilitam as projeções maciças no "outro" de tudo aquilo inaceitável em nós mesmo.

GRÁFICA PAYM
Tel. [11] 4392-3344
paym@graficapaym.com.br